最先端脳科学が導く

不安や恐怖を和らげる方法

REAPPRAISAL《リアプレイザル》

内田舞
ハーバード大学
医学部准教授

実業之日本社

まえがき

あるとき、長男を習い事に送るため、私は車に乗り込みました。遅れてしまいそうな時間でした。急いでエンジンをかけて、バックするために後部座席を見ると、息子はまだちゃんと座っておらず、シートベルトもしていませんでした。思わず、「今すぐ出ないと遅れちゃうのになんでまだ座っていないの!?」と怒ってしまいました。しかし、私の怒った声を聞いて慌ててシートベルトをしている息子の姿を見て、すぐさま「あぁ、なんでこんなことで怒鳴ってしまったんだろう……。息子だって遅れたくないだろうし、習い事のために頑張って宿題もしっかり終えたのに」と罪悪感が湧いてきました。

「今怒っちゃってごめんね。焦っているときって、ママ、イライラしちゃうんだよね。でもこれはママが焦っていることでのイライラで、あなたが何かをしたからとか、していないからのイライラじゃないんだ。なのに、あなたが悪いって言い方をしちゃってごめん」と運転しながら言葉をかけると、息子は「わかるよ。僕もたまに機嫌が悪い日があって、そんな日は意地悪な思いを抱いているわけじゃないのに、意地悪なことを言っちゃうことがあるんだ」と言いました。

当時7歳だった長男がすでにこんなことを考えていることにびっくりしました。自分の感情について観察力を働かせ、言語化する癖が、こんなに小さい頃からついていることを嬉しく思いました。私たちは会話を続けました。

「機嫌が悪い日もあれば、焦ってイライラするときもあるよね。うまくそのときどきに抱いている感情を飲み込みながら、どうしてそう感じているか、どんなことを自分は考えているか、どんな行動をしようとしているか、立ち止まって考えることって大切だよね。

ママは『習い事の先生を待たせてしまったら申し訳ないし、恥ずかしい』と思って、不安だったから、出発を遅らせることにはなんでも『ダメ！』と言いたくなってしまったんだ。でも、あなたが車に座ってシートベルトをするのが30秒早くても遅くても、到着する時間が大きく変わるわけじゃない。それに本来習い事に行くために時間どおりに出るのはママの責任であって、遅れてしまったとしてもあなたのせいじゃない。だから、ママがあなたに対して怒るのは間違っていた。次からは今日みたいに怒っちゃう前に、それに気づくようにするね」

そう話すと、息子は「うん、大丈夫だよ。僕もママが急いでいるときには、早く出発できるように協力するね」と言いました。

我が家の会話がいつもこんなに平和で、感情が高まる出来事が起こったときに簡単に解決するかと言ったら、まったくそうではありません。しかし、自分が今どんな感情を抱いており、またその背後にあるものは何かと正直に吟味してみることは、子どもたちにも学んでほしいですし、私自身日々意識しています。

ある出来事に対してネガティブな感情が湧き出たときに一度立ち止まって、その感情や、その感情の前後にあるものを再度評価すること。これこそがまさに本書のメインテーマである「リアプレイザル（Reappraisal）」です。日本語では「再評価」と訳すことが多いです。

べつの言い方をすると、「再評価」は、ネガティブな感情が生まれた背景にはどのような考えがあって、その考えはどのように構築されたのだろうか、と見つめ直す思考過程のことです。自分のそれまでの経験などを見つめ直しつつ、他にどんな考え方ができるだろうかと顧みることで、ある出来事に対してできる限りポジティブな、あるいはよりフラットな方向に解釈し直すのです。
「再評価」は、私自身の感情のコントロールにおいても有効なツールだと感じています。きっと読者の皆さんの毎日にも役立ってくれることを願っています。

私は、アメリカ・ボストンにあるマサチューセッツ総合病院で小児精神科医として働く医師であり、ハーバード大学医学部准教授として研究している脳神経科学者です。愛する３人の子どもとチェリストの夫とボストンで暮らしています。

２００６年、北海道大学医学部在学中にアメリカ医師国家試験ＵＳＭＬＥの三つの試験に合格し、２００７年に卒業と同時に渡米して以来、16年間アメリカで暮らしてきました。

ふだんは臨床医として子どもたちのうつ病や躁うつ病、不安障害、ＡＤＨＤなどといった精神疾患の診療をしています。同時に脳神経科学者として「子どもたちの気分の調整が脳の中でどのように行われているか」や「感情が沸き起こったときに脳の中ではどんなことが起きているのか」を調べる研究もしています。

ここで、私がなぜ日本で「再評価」の本を書くことになったのか――という理由を紹介させてください。

２０２０年以降のコロナ禍に、日本におけるワクチン啓発活動に関わったことが私の人生の大きな転機となりました。

皆さんの記憶にも新しいと思いますが、コロナ禍ではテレビやSNSを通じて、医療崩壊の現状や不透明な経済状況などが次々と報じられ、世界中の人々がパニックに陥っているような状況でした。そんな中で、到底科学的とはいえない憶測やデマが広まり、社会に新たな分断や対立が生まれました。科学的に正しくない医学情報が行き交う中で、人々は混乱し、疑心暗鬼になりました。それまで仲の良かった家族や友人同士などの人間関係が壊れていくというような悲劇も起こりました。そのとき、私は医師として、脳神経科学者として、また一人の親として、科学的に正しい医学情報を発信することでパンデミックの収束への貢献や、不確実な日々を駆け抜ける人々のメンタルヘルスの手助けになればと思い、啓発活動を続けていました。

２０２１年１月、ちょうど３人目の息子を妊娠しているときに新型コロナワクチンを接種しました。妊娠中の大きなお腹を抱えた写真が、新型コロナワクチン接種に対する私の思いと、医学的な解説と共に所属病院を通して発信されると、それが日本でも大きな話題となり、たくさんのメディアで取り上げられました。今では世界的に妊婦の新型コロナワクチン接種が公式に推奨されていますが、当時あれだけの取材依頼が来たことは、いかに日本に誤情報が蔓延し、ワクチン接種への忌避《きひ》感が広まってしまったかの表れだと思います。さらに私が日本人女性で、ハーバード大学医学部のアカデミック・ポストに在籍しているという経歴も珍しかったのかもしれません。

日本での反響の大きさには心底驚きましたが、最も衝撃的だったのはＳＮＳでの炎上騒ぎでした。見ず知らずの人から「死因は母親のワクチン接種」と書かれた偽造の「死産報告書」を送りつけられるなど、私のもとに中傷コメントがいくつも寄せられたのです。

ネガティブな感情を他人にぶつけても自分を取り巻く状況は変わらないことが多いものなのに、誹謗中傷を繰り返す人は強い感情を抑えられないまま行動してしまっている状況でした。

誹謗中傷を受けて、もちろん私自身傷つきました。しかし、自分のこと以上に気になったのは日本で出産を控えた女性たちのことでした。攻撃から自分の心を守りながら、日本のお母さんたちのサポーターになれるようにとワクチン啓発活動を続けた過程には、本書でご紹介する

「再評価」が欠かせませんでした。

このような炎上騒ぎに巻き込まれる人は限られるかもしれませんが、日常生活の中で誰かから言われた一言や、ネットで目にしたコメントが影響して心を乱されたという経験は、きっと多くの方々にとっても心当たりがあるのではないでしょうか。あるいは何が原因かわからないけれど気持ちが落ち込む、イライラする、そしてその感情に翻弄され、後悔するような行動に出てしまった、という経験がある方もいるかもしれません。

このように人間の感情はときに非常に厄介なものになりえますが、その感情が湧いてくる背景には生物学的な脳の仕組みがあります。この点はまさに私が専門としている分野です。ＳＮＳでの出来事をきっかけに、ネガティブな感情の扱い方に苦労している方や人間関係で悩んでいる方に対して、精神科医、そして脳神経科学者としてできることがあるのではないか、という強い思いが湧いてきました。

人間は互いに支えあって生きていく社会的な生物です。他人と関わる以上、感情は切り離せません。イライラしたり、怒りが収まらなかったりする状況に置かれることもありますし、誰かを妬ましく思ったり、承認されたいと願ったりするのも自然な感情です。

一方で、感情に振り回されてしまうと自分自身がつらくなることも多いので、うまく付き合っていく方法を知っておくと楽になれます。

そこで役立つのが、「再評価」です。

本書では、「再評価」の成り立ちや取り入れ方を、私自身の経験や脳神経科学の視点、エビデンスを交えながら紹介していきます。ストレスを感じる中でも能力を発揮したいと思う方や、ネガティブな感情に振り回されずに自分らしく生きていきたいと願う方はもちろん、「なぜ脳は不安を感じるのか」「不安や恐れの感情とメンタルヘルスはどのような関係性にあるのか」などといったトピックに関心のある方にも興味を持って読んでいただけるよう、さまざまな内容を盛り込みました。

同時に私は幼い頃から「今社会のために何ができるか」ということが自分を動かす原動力になっていました。分断や偏見、差別といったものを生み出す背景に目を向け、弱い立場に置かれた人の尊厳が守られるために、私たち一人ひとりにできることにはどんなことがあるだろうかということを考えずにはいられないのです。社会の中で、できる限り多くの人が幸せに生きられるように……。これは自身のメンタルヘルスにも直結することです。

コロナ禍を経験した今だからこそ、真正面から大事なテーマについて皆さんと一緒に考えていきたい。それが異国で暮らし、多様性や多文化の中で生きる私の役割だとも思っています。

私が「再評価」を通して得た多くの気づきを皆さまと共有できますように。

そして、本書があなたにとって、あなたらしい人生を歩むための一助となりますように。

そう、心から願っています。

REAPPRAISAL もくじ

第1章 課題の発見

第2章

解決の手法

第3章 レジリエンスを育てるために

第4章 メンタルヘルスが崩れたときに

第5章 揺れ動く社会と再評価

最先端脳科学が導く

不安や恐怖を和らげる方法

REAPPRAISAL《リアプレイザル》

内田舞
ハーバード大学医学部准教授

実業之日本社

第1章 課題の発見

感情の脳神経科学

眠れない、やる気が出ない、不安で落ち着かない、大事な場面で思うようなパフォーマンスができない、人とうまく付き合えない。現代はこうしたメンタルの悩みを抱える方がとても多くいます。

しかし、少し前までメンタルヘルスの問題はなかなかオープンに語られることはありませんでした。心の不調は「その人自身に問題がある」「努力が足りない」「我慢が足りない」「弱い」といった偏見を持つ人が少なくなかったからです。自閉スペクトラム症のような病気についても「親の育て方が悪いからだ」というような科学的に間違った意見が頻繁に聞かれることもあり、そういった言葉に苦しめられている子どもたちや家族の方も大勢いました。もちろん、親の育児や対応のせいで自閉スペクトラム症が生じることは現代の医学では完全に否定されていますし、心の不調は努力や我慢が足りないというものではありません。しかし、そういったことが広く科学的に証明された現代においても、世間の間違った偏見により必要な治療にたどり着けなかったり、逆に正確な科学情報を発信している人がＳＮＳなどで攻撃される事態は未だに頻繁に起きているのです。

２０２１年の全仏オープンで試合後の記者会見を拒否した大坂なおみ選手のことは皆さんも記憶に新しいのではないでしょうか。全仏オープンを含むテニスの４大大会では、選手の記者会見は義務の一つとしてルールブックに明記されており、拒否した場合は高額の罰金が科せられます。それでもなお、大坂選手は、全仏オープンの３日前に自身のツイッターで「記者会見ではアスリートの心の健康状態が無視されていると感じる。試合期間中に自分を疑うような人の前に立って、自分自身が自分を疑いだしてしまうことは避けたい」という思いを公表し、試合後の記者会見を拒否したのです。

トップアスリートである大坂選手の発言は大きな衝撃を持って世の中に受け止められ、彼女を賞賛する声と「会見に応じるべきだ」といった意見に二分されました。彼女へのバッシングは非常に激しいものでしたが、私は「大坂選手の勇気ある決断によって、救われた人はたくさんいるはず」と、拍手を送りたい気持ちでいっぱいになりました。

トップアスリートも一人の人間です。人間として心の痛みを感じて当然なのに、アスリートは常に「強く」あることを求められ、傷ついていてもそのつらさを表面に出してはならないというプレッシャーを背負わされる。このプレッシャーが内在化して、自分をさらに追い込んでしまうこともあります。そこに一石を投じたのが大坂選手でした。トップアスリートであっても「自分の力を疑うような不安を感じることもある」、そして「そんな不安を増強させられるような状況に耐えなくてもいい」と示してくれた彼女の勇気ある行動は、「求められていることを拒んでも自分の心を守る」、さらに「自分が何をするか／しないかは自分で決める」という新しい形の「強さ」を見せてくれたのではないかと思いました。

私は小児精神科医として、アメリカのハーバード大学医学部付属病院のマサチューセッツ総合病院で子どもたちのうつ病や躁うつ病、不安障害、ＡＤＨＤなどといった精神疾患の診療をしています。アスリートの多くは10代から20代前半という若さであるために、小児精神科医としてアスリートのメンタルヘルスの問題にも関わることがあり、特にフィギュアスケートは私自身が（低レベルの）選手だったこともあって、選手たちのメンタルをサポートする活動にも取り組んでいます。

また、脳神経科学者として「気分の調整が脳の中でどのように行われているか」を調べる脳画像研究や臨床研究もしています。

例えば、私が最近行った研究では、うつ病の遺伝要因を持つ子どもは外界からのネガティブな刺激に対して、感情を生み出す脳部位の活動が高くなる傾向にあるとわかりました。こういった脳機能を持つと、何か悪いことがあった場合に、その出来事に対して感情的に反応しやすくなります。人の気分には、このように生物学的な要素も多分に関係しているのです。

それは、一人ひとり顔も違えば、背丈も違う。興味を持つことも違えば、性格や、病気のなりやすさまで違うというのと同じことです。人にはこういった個性があり、気分の落ち込みやすさや、ネガティブな思いを抱きやすいかどうかといったところにも生物学的な個人差があるのです。

また、どんな生物学的な要因があっても、心も体もさまざまな状況に対処できるものです。しかし、体に何か不調があって生活に困難をきたしたり、病気でつらい症状がある場合に、多くの人は「治療」を行い、つらさの軽減を図りますね。あるいは運動で怪我をしてしまった後には回復に向けた「リハビリ」や、その予防のための「ストレッチ」、そしてテクニックを覚えて練習する「トレーニング」をすることもあるでしょう。身体的なリハビリ、ストレッチ、トレーニングや治療などと同じように、心の不調の予防や回復のために心理療法や薬物療法などその人に合った方法を取り入れ対処することでよい状況に変えていくこともできます。

本書のメインテーマである「リアプレイザル（Reappraisal）」は日本語では「再評価」といって、科学的根拠（エビデンス）のある心理療法である「認知行動療法」の中の対処法の一つです。それは「嫌な感情を抱いた際に、それをできるだけよい感情に変えていく」という方法です。特に「不安」や「緊張」といった感情のコントロールに有効であることがさまざまな研究からわかっていて、第一線で活躍するアスリートにも取り入れられています。私自身も日常的に使っています。悲観的になってしまう状況で、なかなか気持ちの切り替えができないというときには、本書でお話しする再評価の方法を取り入れ練習することで、不安や緊張といったものをいくらか克服することができるかもしれません。

再評価についてお話しする前に感情を司る脳の仕組みについて知っておくとより理解がしやすくなるのではないかと思います。

まずは、感情とは何なのか、不安や緊張状態にあるとき私たちの心身がどうなっているのかについて、脳の仕組みから見ていきましょう。

なぜ脳は不安を感じるのか？

新しい職場でうまくやっていけるだろうか。

明日は大事なプレゼンだ。失敗したらどうしよう。

友達が挨拶を返してくれなかった。嫌われてしまったのかな。


私たちはさまざまな場面でストレスや不安を感じ、その感情によって考えや行動がコントロールされてしまうことがあります。

例えば、大勢の前でのスピーチ、スポーツでの試合、大事な試験といった場面。うまくいってほしいと思えば思うほど、落ち着かなくなりふだんの実力を発揮できなくなったりします。あるいは、何か緊張を強いられるような場面で穏やかな対応ができなくなり、周囲の人といざこざを引き起こしてしまう。感情に振り回されて、思うような結果にならないという悩みを抱える人は多いのではないでしょうか。


「不安なんか感じなかったらいいのに」

「いつでもポジティブに物事を捉えられたらいいのに」

と思っていても、そんな簡単なことではありません。

感情は本当に厄介なものです。

なぜ、私たちは感情に振り回されてしまうのでしょうか。

不安の正体とは？

心落ち着かずに恐怖や緊張を感じる状態を、私たちは「不安」と表現します。不安といっても、将来への不安、人間関係での不安、経済的不安や、出来事や場所・ものに対する不安などさまざまです。健康面や安全面での不安というものもあるでしょう。

いずれにしても不安という感情は「これから何か悪いことが起こるんじゃないか」という、時間軸で捉えれば未来志向の考え方とも言えます。また、「悪いことが起こるかもしれない」という危険を察知し、心身共に備えるためのアラーム信号のようでもあって、自分を守るために必要不可欠な機能でもあります。

このアラーム反応の代表的なものは「闘争・逃走反応」といいます。私たちが何か重大な危険に遭遇したときに対決するかその場から逃げるかを瞬間的に判断し、体が備えるという無意識下の脳神経系の働きであり、多くの場合は呼吸が速くなったり、心拍数が増したり、汗が噴き出たりといった身体的な反応を伴います。

ふだんの生活でこんなことを経験したことはないでしょうか。

朝のラッシュ時、階段を降りているときにあなたは誰かとぶつかり、前に押された。体がふわっと浮いて、足を滑らせてしまいそうになる。危ない！　とっさに姿勢を立て直し、転ばずに済んだ。

ほんの一瞬のことなのに、急にスローモーションのように時間が進んでいた。我に返ると心臓はドキドキして、鳥肌が立ち、手には汗がにじんでいた。気持ちが落ち着いてきた頃にようやく「危なかった」「大怪我をしていたかもしれなかった」と胸をなでおろした――。

こうした緊急事態のとき、脳の中で真っ先に反応するのが〝危険の判定員〟ともいうべき扁桃体です。脳内では、扁桃体の中の神経細胞が急激に発火し、不安や恐怖といった感情を作りだします。するとその感情に脳幹が反応して、無意識に闘う・逃げるといった行動を取るためにさまざまな体の反応を起こします。アドレナリン、コルチゾール、ＡＣＴＨといったストレスホルモンを分泌するように指令を送り、心拍数や呼吸数を上げて、素早く反応できる体制を整えるのです。怒りで顔が真っ赤になったり、頭が真っ白になったり、逆に集中力が高まりそのことしか考えられなくなったりするのもこうした脳の連携プレーにより起きていることです。

私たちの脳はおよそ１０００億個もの神経細胞からなり、複雑なネットワークを形成して大量の情報を処理し、解釈し、優先順位をつけています。その脳の中でもさまざまな感情が生まれるのはこの扁桃体というところです。扁桃体の神経細胞が発火するのは楽しかったり嬉しかったりするとき、そして何か危機的な状況や脅威が間近にあるときです。扁桃体は脳の原始的なエリアとされていますが、緊張する場面では感情システムが「脅威が来ています！」というモードになり、まずここが騒ぎ始める（活性化、発火し始める）のです。これが「不安」という感情です。

ちなみに脳は大きく分けて、大脳辺縁系、脳幹、大脳皮質の三つに分かれ、それぞれの働きは次のとおりです。

・大脳辺縁系……感情を司る部分。ここに感情を生み出す扁桃体があります。
・脳幹……呼吸、体温、ホルモンの調節といった、生きるための基本的な働きをするところ。緊張すると手に汗を握る、震えるという身体反応が現れますが、これは扁桃体の神経細胞の発火に合わせて脳幹に信号がいくことで起きている現象です。
・大脳皮質……論理的に考える思考の機能を果たすところ。記憶や学習、言語の情報をまとめて「判断」するのが大脳皮質の一部の前頭前野です。

ようやく脳が冷静になるとき、大脳皮質という部分が働いて「人が多いラッシュ時は特に焦らないように階段を降りよう」「つかまれる手すりがある側をなるべく通ろう」など、論理的な思考によって対策を考えだしたり、危険度を判定したりします。しかし、我々がこうして「考える」前に「行動」するのは、理性より先に感情が働くからです。それは、こういった危険の伴う状況で反射的に命を守るための行動ができるように脳に備わった仕組みなのです。

感情は生存するために必要なもの

人間の脳に扁桃体の発火システムが備わっている背景にはちゃんとした理由があります。「恐怖や不安」という感情を持つことは、生きるために生まれた生存本能の一つだと考えられています。

何万年も前、まだ文明時代ではなかった頃の人間の生活は今より遥かに危険と隣り合わせでした。猛獣に襲われるか、敵に殺されるか、感染症や寒さや飢餓で死ぬか……という過酷な環境下で生き延びるために、あるときには闘う、あるときには逃げるというように、とっさの行動や判断をする必要があったのです。

何かを食べたときに味が変だったから「ペッと吐き出す」なんて行動も生存本能の一つです。腐ったものを食べてしまったら病気になって最悪命を落としかねません。食べ物の良し悪しをじっくり論理的に検討するよりも、好ましいものか好ましくないものかを瞬時に勝手に脳が判断して行動に移すことができた方が生存には有利なのです。

そう、脳が知らずのうちにあなたを動かすのは、何よりも生存のため。最初に「無意識の感情」が沸き起こる。それが恐怖や不安といったものの正体なのです。

昔は、「世の中に怖いものなんてない」と考えるポジティブな人よりも、「怖い」「不安だ」という、今の時代では「ネガティブ」と思われる感情に敏感な人の方が、生物としての生存能力に長けていたわけです。ネガティブな感情は簡単には撥ね除けられないものというのも、生存がかかった感情だからだと理解できますよね。

ここで伝えたいことは、不安という感情を抱くのはあなたが「弱い」せいではないということです。むしろ不安を感じるのは、あなたが必死に生きようとしているからなのです。

ポジティブ／ネガティブ思考は生まれつき？

生存に関わることなので、人の行動に関して感情の威力は絶大です。しかしながら、現代では猛獣に襲われるほどの危機に遭遇する機会は滅多にありえません。

ネガティブな感情が強すぎると現代生活では困ったことが起きがちです。怒りを止められなくなってしまったり、なんとか抑えたい場面で全身が震えてしまったり、めまいや頭痛、肩こりといった不調が長く続く、あるいはうつ病やパニック障害などの精神疾患につながることもあります。

しかし、よくよく考えると、同じ出来事に直面してもネガティブに捉える人もいれば、あまり影響を受けずにあっけらかんとしている人もいます。どうしてこのような差が生まれるのでしょうか。

この点に関して、私のチームの研究を一つご紹介します。先に述べたように、うつ病の発症には遺伝要因が影響することがわかってきているのですが、脳機能における遺伝的影響を調べた研究です。

具体的には、うつ病の既往歴がある親から生まれた子どもと、そうでない子どものグループに分けて、ネガティブな刺激とポジティブな刺激に対する脳の反応差を観察しました。

実験では、子どもたちにＭＲＩスキャナーに入り、人の顔の写真を見てもらいました。写真は嬉しそうな顔や、怒っている顔、悲しそうな顔、無表情の顔などさまざまです。写真ごとに子どもたちの脳のどの部位がどれだけ活動しているかを計測しました。

結果は、うつ病の遺伝要因のない子どもたちはどの表情を見てもだいたい脳の活動レベルは同じくらいでした。

一方、遺伝要因がある子どもたちはネガティブな表情を見たときに「扁桃体」の活動が活発になり、ポジティブな表情を見たときにはほとんど反応がなかったのです。

この研究結果からわかるのは、うつ病の遺伝要因がある子どもたちは、ポジティブな出来事よりもネガティブな出来事に対して感情が強く揺さぶられる。つまり、もともとの脳の働きとして、外界からの刺激に対して負の感情を強く持ちやすくなるタイプの人もいるということです。こうした生物学的な要因が、うつ病になるリスクを引き上げていると考えられます。

それゆえ「ネガティブ思考なのは生まれつきか？」という問いに対しては「ＹＥＳ」、ある程度生まれもった思考の傾向はあるという答えになります。

うつ病には遺伝要因だけでなく、家庭や学校、職場といった環境的な要因も関係しています。ただ、同じような環境で、同じような経験をした人の中にも、うつ病になる人とならない人がいます。それを左右するのは遺伝要因を含む生物学的な要因の影響が大きいと考えていいでしょう。

そして、ここからが重要なポイントです。遺伝要因が関係しているなら、ネガティブ思考は変えられないのではと疑問に思われた方もいるかもしれません。しかし、答えははっきりと「Ｎｏ」と言えるのです。

ネガティブ思考は変えられる

すでに説明したとおり、最初に湧いてくる強い感情というものは、外界の脅威に備える生存本能であり、簡単にコントロールすることはかなり難しいと言えます。

けれど、現実には危険に見える状況に直面しても逃げない人もいます。

それは、私たちの脳が経験したり学習したりすることで、「ある対象＝危険」という認識を変えることができるからです。

喩えるなら、以前は蛇を見たら必ず逃げていたけれど、「この種類の蛇は無毒で人を襲うことはない」と知ったり、あるいは「このくらいの危機ならば自分は安全に乗り切ったことがある」と以前の体験に基づき、落ち着いて対処できるようになるといったことです。

強迫性障害という精神疾患の場合、トイレがとてつもなく不潔に感じて、怖くて便座の蓋や流すときに動かすハンドルなどにも触れなくなってしまう人もいます。トイレにまったく触れないとすると日常生活ではとても困るわけですが、そのような場合は曝露療法というセラピーが取り入れられることがあります。「嫌な感情を引き起こすものに少しずつ慣れていく」というものです。

例えば、トイレに入るところから始めて、時間をだんだん長くしていく。「不安を感じるが、それでもトイレの中にいて自分には危機が及ばなかった」という経験を通して脳に新しい情報を与えていくのです。落ち着いてトイレにいられるようになったら、次は手袋をはめて便器に触れてみる。「手袋をはめて便器に触れてみると、さらに強い不安を感じたが、時間が経つにつれてその不安も少しずつ軽減した」というように、段階的に「これは強い不安を感じなくてもいいものだ」と脳が情報を得る機会を与えていき、慣らしていくといった方法です。このとき段階を踏みながら少しずつやっていかないと、かえって不安を増強することになりかねないので注意が必要ですが、新しい経験を通して、「嫌だ」「不快だ」という感情とつながっている行動や場所に関して、それに付随する感情を書き換えることは可能なのです。

一方、災害や性的暴行などトラウマになるような恐ろしいことを経験したり目撃したりすると、ＰＴＳＤ（心的外傷後ストレス障害）という精神障害を発症することがあります。フラッシュバックが起きたり、悪夢を見たりするほか、トラウマを思い出させる場所やものを避けるようになります。

交通事故にあって外出できなくなった、同じ道は絶対に通れなくなったという場合には、事故が起きた時間帯とは違う時間帯や車が通らない時間帯に現地に足を運んでみるなどして、少しずつ「その場所が怖くない」という記憶を積み重ねていく方法を試していきます。そうすることで、記憶と感情の強固なつながりを少しずつ弱めていくことは可能です。

このように脳は可《か》塑《そ》性《せい》を持っており、まさにこの可塑性を利用してネガティブな感情をポジティブな方向に向けるような考え方を築く手法が「再評価」でもあるのです。経験や学習は再評価のプロセスの一つになります。また、再評価は練習を繰り返すことでもっとうまくできるようになるものです。

再評価を繰り返し練習し、うまくできるようになってきた人の脳をＭＲＩでスキャンすると、はじめの頃よりも論理的に考える脳部位の前頭前野と、感情を生み出す脳部位の扁桃体の働きのコラボレーションが変化していることが確認され、日常的にポジティブな考えを抱きやすくなるという研究もあります。脳レベルでポジティブ思考の癖が築かれうることを示す研究結果です。ですから、仮に今ネガティブ思考でも一生このままだと諦めなくても大丈夫なのです。

負の感情はない方がいい？

ところで、負の感情はない方がいいのでしょうか。

本当は悲しい、苦しいと感じているのに、その思いを押し込めて感じないように意識する、無理にポジティブな自分になろうとするのは、短期間の気分転換であれば必要なこともありますが、長期的には実は有害であることがわかっています。これを「トキシック・ポジティビティ(Toxic Positivity)」と呼びます。

悲しい気持ちをコメディでごまかしたり、「感じないように感じないように」と、無理に笑顔でいることは、苦しみや悲しみを感じている自分を否定することになってしまいうる。

恥の感情などの二次感情を抱き、自分への思いやりを感じることができなくなることもありますし、自分の中に抑圧された感情が蓄積し、それが心身に影響して、怒りや不安障害、うつ病、パニック障害、そして頭痛や耳鳴りといった身体的な症状になって現れることもあります。

もちろん前向きな思考は素晴らしいですが、「常に笑顔でいなきゃ」「頑張らなきゃ」と無理やり考えてしまうことは危険です。かえって心の健康を妨げたり、自分のネガティブな感情を抑圧することで心の負担になったりします。

つらい、不安だ、怖いという気持ちは人間として当然抱くものであり、あまり他人に見せたくないものかもしれませんが、素直に感じて、受け止め、向き合う、その上で再評価するということが大切になります。

また、恐怖や不安、嫌悪感というのは私たちにとってとても不快なものであるがゆえに、あまりにも強く嫌な思いや怖い経験をすると、脳は記憶を封じ込めてしまうといったこともやってのけます。時には記憶障害になり、嫌な思いをした出来事の前後の時期に見聞きしたことが思い出せなくなることもあります。なぜか思い出せないのに「この道を通ると嫌な気持ちがする」「この匂いを嗅ぐと途端に虫唾が走る」ということもあります。

脳は私たちの意識とは関係なく記憶を取り出したり、奥底にしまったりということを無理やり行ってしまう特性がありますが、このように強い感情と結びついた事実や経験は意識下の形でなくても脳に残ります。

しかしながら、こういった脳の変化は永続的なものであるとは限らない、ということも指摘させてください。感情を呼び起こすような複雑に絡み合った記憶を解きほぐし、あるいは編み直すことで感情の出方が変わってきます。

極めて不快な出来事にまつわる感情はなかなかポジティブに生まれ変わることはないかもしれません。しかし、その不快な思いや記憶に支配されずに日常生活を快適に送ることは大いに可能なのです。もし心当たりのある人がいらしたら、希望を持って適切な心理療法を試してみてほしいです。そのプロセスは簡単ではないことも多いですが、私たちは誰でも幸せを感じる能力を持っており、その能力をより引き出すために自分自身の考え方と向き合うことには意味があるのです。

ここまで読んでいただいて「ちょっと待って。負の感情をできるだけポジティブな感情に変えるのが『再評価』なんじゃないの？　それなのに、負の感情を無理やりポジティブに変えてはダメってどういうこと？」と思われた方もいるかもしれませんが、ご心配いりません。

キーワードは「無理やりではない」というところです。

いよいよ次の章からは「再評価」について、考え方、成り立ち、取り入れ方などをご紹介していきます。実践法を学ぶ中で、再評価とは「負の感情を受け入れて、正直に向き合った上で、思いをポジティブに向ける方法である」とわかってもらえるのではないかと期待しています。

第2章 解決の手法

再評価とは——感情に支配されない自分を作る

感情をコントロールするのは簡単なことではありません。私もそれは皆さんと同じで、日々起きた出来事になんとなく嫌だなとモヤモヤしたり、不安なことがあるとそればかり考えつづけたり、その結果、パートナーや子どもにイライラとした感情をぶつけてしまいそうになることもあります。

しかし、失敗はつきものだけれど、そんなときこそなるべく私自身が研究している脳と心の科学の知識を活かして自分の感情を見つめ直し、新しい視点を取り入れ、行動を変えることを心がけています。

ネガティブな感情が収まりそうにないときはどうすればよいのか。感情のコントロールの仕方にはいろいろな方法があるのですが、私の一番好きな方法が「再評価」という手法です。再評価は「嫌な気持ちの扱い方」とも言えるかもしれません。具体的には今抱いているネガティブな感情に対して、正直に自分自身と向き合って、「どうして今このように感じているのか」や、「その背景にある考え方や自分の経験とはどんなものなのか」、そして「その感情や考え方から起きている行動を変えることはできるだろうか」と感情が湧いた状況を「再度、評価し直す」方法です。

モヤモヤ、イライラ、怒り、嫉妬、落ち込みといった感情はすべて自然な感情でありながら、溜まりすぎるとストレスとなって心身の不調につながる上に、感情的になりすぎると周囲の人との関係を破壊しかねません。

だからといって表面だけ無理やりポジティブに変えようとするのは、むしろ精神衛生においては逆効果ということは前章でお伝えしたとおりです。

再評価の実践例――水をこぼした息子と一緒に

ここで私自身が日常生活を通して実践した再評価の例をご紹介します。
再評価を実践する上で、私の日常生活の中ではなんといっても「子育て」というのは、親にとっても子どもにとってもいい学びの場になると実感しています。

これは、長男が3歳だった頃の話です。ある日私が仕事から帰宅したとき、息子は私に保育園で取り組んだ工作作品を見てほしかったようです。でも、私は帰宅後やらなければならないことがあって、すぐに見てあげられず、息子は自分を最優先に扱ってくれないことに怒って、わざとコップの水を絨毯にこぼしました。

ここで余裕がないときであれば「なぜそんなことをするの！」と水をこぼした行いを注意していたと思います。

でも、そのときの私は息子を抱き上げて「今何が起きたか一緒に考えてみよう」と言いました。怒りという感情に任せるのではなく、息子と一緒に「今の状況を再評価してみよう」と試みたのです。

私は再評価をする際には、その状況に対して抱く「感情」、感情の元になっている「考え」、そしてその結果生じる「行動」に分けて分析するようにしています。

息子の気持ちを聞くと「（ママが見てくれないから）悲しかったし、怒りたくなった」と言いました。これはそのとき湧いた感情だとわかります。さらに「どうして悲しかったの？」と聞くと「ママにとって自分は一番大切なものではないと考えたから」（考え）と答え、「だから水をこぼした」（行動）と話してくれました。

私は「ごめんね」と言った後、すぐに見てあげられなかった理由を説明しました。そして、息子の怒りや悲しみの感情に理解を示しながらも、息子の「考え」の部分は間違っていると伝えました。

「ママが帰ってきてから一番に対応しないからといって、あなたが大切じゃないということではないよ。どうしても一番にできなくても、順番が変わっても、ママにとってあなたは一番大切なもので変わらないよ。だから一緒に水を拭こう」と伝えました。一緒に水を拭く息子は心なしか、少し幸せそうな顔つきをしていました。

ここでは、息子の怒りや悲しみという感情につながった「考え」を訂正したことで、息子の「感情」と「行動」をポジティブな方向に変えることができたのです。

「忙しいのに、あなたは困らせてばかり！」などと私自身の感情に先導される形で叱っていたら、子どもがどんな気持ちだったのかを知ることはできなかったでしょう。

あるいは、もし私が息子の「ママにとって自分は一番大切なものではないと考えた」という言葉に反応して、私自身が悲しみや罪悪感で支配されてしまっていたら、一番伝えるべきメッセージの「ママにとってあなたは一番大切なもの」という思いも、うまく伝えられなかったかもしれません。

子どもの思いを聞き、コミュニケーションの中に再評価を取り入れることで、私自身も感情的にならずに、お互いがハッピーな気持ちで一日を終えることができました。

自分が大人になり、自分や他人のさまざまな感情を認識するようになると、感情が生まれる心理的・脳神経科学的な背景などを子どもの頃に学校などで学べていたらよかったのにとつくづく思います。それゆえ、私は機会があるごとに子どもたちには感情やそのコントロールについてサジェスチョンするようにしており、私自身の再評価の過程をシェアすることも心がけています。

再評価は練習することでうまくなる

再評価を研究に取り入れてから、私自身が日常的に意識して再評価を行うようになりました。イライラしているとき、怒りが収まらないときこそ「再評価、再評価」と自分に言い聞かせます。

自分の嫌な気持ちに向き合いつつ、違う視点を持てないか考え直し、ポジティブな考えを取り入れる練習を積み重ねていくと、案外うまく気持ちの切り替えができ、ネガティブな感情に素早く対処できることも増えてきました。うまくいくことばかりではないですが、失敗も練習のうちと思い、繰り返し試みています。

私がどんなふうに再評価を取り入れているのか、もう一例ご紹介しましょう。

あるとき、子どもたちが発泡スチロールを使って工作をしていて、部屋中にバラバラになった発泡スチロールが散らばっていたことがありました。

私は「ちゃんと片付けなさい」と言ったのですが、遊びに夢中になっている子どもたちは片付けようとしません。

何度言っても一向に片付けないので、私のイライラは沸点に達しました。「子どもたちは私に敬意を持っていない」と考えだしました。子育て中の方にとっては、誰もが経験のある日常の風景ではないでしょうか。通常ならここで怒りに任せて子どもたちを叱ってしまいそうな場面です。

しかし、私はそこで立ち止まって、「自分のイライラを再評価してみよう」と思い、「感情」「考え」「行動」の順番に分けて再評価してみました。そこでまずは「今、私はこの気持ちを感じる必要があるのかな」と、自分に問いかけました。

すると「子どもたちが私の言うことを聞かないのは、本当に私に敬意がないからなのか？　単に遊んでいるのが楽しくてやめられないから、そして片付けが面倒くさいからであって、私に敬意を持っていないわけではない」と考え直すことができました。

「考え」を再評価することで自然と怒りの「感情」も収まっていき、怒鳴りそうだったにもかかわらず、その「行動」も変えることができました。

怒りの感情が収まると状況を冷静に整理することができるようになり、今必要なことは何かが見えてきました。私の目的は「子どもたちに私の言うことを聞かせること」でも、「敬意を示させること」でもなく、そう、「部屋を片付けさせること」だったのです！

どうしたら「部屋を片付けさせる」という目的を達成できるかに意識を向けました。そこで私は子どもたちに「今から片付け競争を始めますよ。部屋の半分はママ、こっち半分はみんなで片付けて」と伝えました。

「どっちが早いか競争！　よーいドン！」と言って私が片付け始めると子どもたちもすぐに取りかかってくれ、10分ぐらいで片付けが終わりました。

子どもたちもきれいになった部屋を見て「こんなにきれいになって気持ちいいね！」と笑顔で言い、達成感を得ているようでした。

あのとき、もし怒りを抑えられず、子どもたちを叱りつづけてしまったら、家の中は険悪な雰囲気に包まれ、子どもたちだけでなく私にとっても後味の悪いものになったことでしょう。

また、もし私の目的が「子どもたちに私への敬意を持たせること」にすりかわってしまっていたら、私が怒鳴って子どもたちに強制的に言うことを聞かせることで、その目的を達成していたでしょうか？　答えは言うまでもありません。

こんなふうにいつもすんなり解決というわけにはいきませんが、再評価によって自分の感情や状況を捉え直すことで、ポジティブな気持ち、そしてよいアウトカムに変えていくことは可能なのです。

加えて、うまくいった例を振り返って、「自分がこう考えることで自分の気分のコントロールができた」と気づいたり、あるいはうまくいかなかった例を振り返って、「ここで再評価するんだったな」と反省したりするといいでしょう。

人によって脳機能に生物学的な差異はあるとしても、人間は自分の思考を使って前頭前野を活性化させ、よりうまく「考える」脳部位である前頭前野と「感じる」脳部位の扁桃体の連携を鍛えることができますし、こういったことの反復で少しずつ再評価がうまくできるようになっていくということは私自身が実感しています。

再評価の脳神経科学

再評価とは脳のどのような機能が働くことで可能になっているのでしょうか。

私の研究でまさにこれを調べてみました。再評価を行うことで悲しい気分を軽減させるために、脳はどのように機能しているかを調べた研究です。

実験では、ＭＲＩスキャナーの中に入ってもらった成人に、ネガティブな画像を見てもらいました。それに対して、「最初はネガティブな感情が湧くと思うけれど、自分の悲しい、あるいは怖いという思いや怒りの気分を再評価して、その気分を少しでも軽減できるようにポジティブな見方に変えてみてください」というタスクを投げかけます。ネガティブな感情の低減のために、同じ画像について別の解釈が可能かどうか考えることを試みてもらったのです。

例えば、二人の女性が抱き合って泣いている写真を見てもらうとします。泣く人の写真を見ると、ほとんどの方は最初は「悲しそうだな」という感情が湧いてきます。しかし、そこで再評価することで、ある人は「何か悪いことがあったようだけれど、この人たちは無事だったんだ」とポジティブな部分にフォーカスしたり、またある人は「離ればなれだった娘とやっと会えたんだと思う」と違う解釈をしたりするかもしれません。または、「今この人たちにとっては悲しいことがあったのかもしれないが、明日はもっといい日になっているかもしれない」と考える人もいるかもしれません。

また、MRIスキャナーの中で見たのが、家の火事を消防隊が消そうとしている状況のイラストだったとしましょう。この場合も「消防隊が来てくれてよかった」、あるいは「これはイラストだから現実ではないので大丈夫だ」などと考えることで、ほんの少しネガティブな感情を低減させることができるかもしれません。この後者の答えは「提示された状況から『距離』を置く」ことでポジティブな思考に切り替えていますが、ディスタンシング（Distancing）という再評価の一つの思考法です。

この研究によって、もともと再評価が得意な人と苦手な人がいることが明らかになりました。しかし「再評価が苦手」とは具体的にどういうことなのでしょうか？

例えば、すれ違う人のネガティブな表情を見たときに不快な気分になり、なかなか気分転換ができないことがあるかもしれません。

また、ほとんどの人がちょっと嫌だなと思う程度のことでも、ものすごく嫌なことに感じてしまう。そうした思考の特徴を持っている人は、再評価が上手な人に比べてうつ病になるリスクが高く、つまり再評価の得意／不得意が、うつ病のリスクにも関係していると考えられています。

この研究ではさらに再評価をしているときに脳の中ではどのような変化が起こっているのかを調べました。ｆＭＲＩ（functional Magnetic Resonance Imaging）という手法を使うと、タスクを行うときに脳のどの部位が活性化しているかがわかります。

研究の結果、再評価を行っている最中、脳は、

①最初に、感情を生み出す脳の扁桃体の神経細胞が発火し、活動が活発になる。
②次に、感情をコントロールする前頭前野の神経細胞が発火し、活動し始める。
③次第に、扁桃体の神経細胞の発火が収まっていく。

といった経過をたどることがわかりました。

安静時ｆＭＲＩ（Resting-State fMRI）という手法を使うと、安静時の脳内の基本的な活動や機能的なネットワークを調べることができます。

私たちの研究では再評価が得意な人の脳は安静時に扁桃体と前頭前野が柔軟に活動し、アップダウンしながら働いていることがわかったのです。

また、前頭前野の活動が活発な人ほど再評価が得意であることも明らかになりました。それに対して再評価が苦手な人の脳は扁桃体と前頭前野の活動領域が独立ではなく、同時に活性化する傾向にあることがわかりました。

「考える」前頭前野の活発な働きと、前頭前野と「感じる」扁桃体とがそれぞれ独自の働きをするネットワーク。それこそが再評価にとって必要な脳機能なのです。

再評価の成り立ち――認知行動療法

ところで再評価とは、どのようにして生まれたものでしょうか。その成り立ちについてもご紹介しておきましょう。

再評価は心理療法や精神科の治療などで用いられる「認知行動療法」、ＣＢＴ（Cognitive Behavioral Therapy）の手法の一つです。

認知行動療法の起源には大きく二つあり、学習理論に基づく行動療法と、精神分析的な心理療法から発展した認知療法という流れがあります。

行動療法とは、行動上の問題に注目し、どういった行動が適切かを考え、実行することで問題を解消する療法のことです。その基礎は１９００年代初頭に「パブロフの犬」で有名な、ロシアのイワン・パブロフという生理学者の唱えた学習理論から始まり、のちにバラス・スキナー、ジョン・ワトソンなど主要な学者によって行動療法という人の問題行動や症状を消去したり、望ましい行動を増やしたりする心理学的な技法へと発展していきました。

一方、認知療法は１９６０年代にフロイトの精神分析を学んだアメリカの精神科医アーロン・ベックという人がうつ病の治療のために開発した精神療法だと言われています。

主観的体験を「認知」として扱い、ものの捉え方を変化させることが問題行動や症状の消去に役立つと主張したのです。

こうして別々に発展してきた行動療法と認知療法でしたが、20世紀後半に二つを合わせて「認知行動療法」と呼ばれることが多くなりました。

認知行動療法は、時間をかけてたくさんの学者がそれぞれの理論や手法を提唱しながら発展してきたことから数多くの技法が存在し、今なお研究され、進化しつづけています。

ちなみにグーグルなどの多くの大企業が社員研修に取り入れている「マインドフルネス」は、「今この瞬間に意識を向ける」瞑想法の一つでアメリカでは大ブームになっていますが、これも認知行動療法のテクニックの一つとして近年幅広いシーンで使われています。心理カウンセリングでも認知行動療法は使われることが多いです。

認知行動療法やそこから派生したさまざまな技法を使い、その人の凝り固まってしまった考えを見つめ直し、同じ状況に対して違う考え方もできるということを知ってもらう。また、少ない選択肢の中で行動してきた方に、白黒つけずに柔軟に行動できることもあるという気づきを促していく。

無理に考え方を矯正するのではなく、自分の考えが構築されるきっかけになった今までの経験に向き合うことで、異なる視点もあることに気づくこと。そして、個人個人の認知をよりネガティブなバイアスの少ないものへと変えていくイメージです。

柔軟な視点と考え方が身についてくるとストレスにうまく対処できるようになります。このようなプロセスが最近の認知行動療法の手法で、再評価もその一つの要素なのです。

認知行動療法は、最もエビデンスが集積している心理療法で、認知行動療法をする前と後で脳機能が変わるということが多数の研究論文で示されています。うつ病をはじめ、不安障害や強迫神経症、不眠症など多岐にわたる症状に治療効果や再発予防効果が認められています。最近では精神科の治療としてだけではなく、ビジネスパーソンやアスリートのメンタルヘルスなど広範な領域で認知行動療法の考え方が取り入れられています。

一人ひとり異なる認知

ここで再評価の実践にも関わる私たちの認知について考えてみましょう。

私たちがさまざまな感情を抱くことも、それによって起こす行動も、すべては脳の反応によって起きていることです。そのうち認知とは私たちの「考え」や「物事の捉え方」のことです。

そもそも認知はどこからやってくるのでしょうか。

私たちは一人ひとり違う考え（認知）を持っています。この違いには第一にもともとの性格などの生物学的な要素が影響しています。

新しい友達を作ることが楽しいと感じる社交的な人もいれば、人との関わりよりも一人で過ごす時間が好きという人もいて、小さなことに物怖じしない人もいれば、一つ一つの出来事に大きな意味を感じる人もいます。そのような生まれ持った性質に加えて、これまでの生育環境や、出会った人、経験したことなどから、その人の価値観が形作られていきます。

例えば、失敗をしてもそれを修正してリカバリーした経験のある人であれば、一つのつらい経験が「自分の糧になる」と考えられることもある。また、一つの試験に落ちても他の分野でいい評価を受けたことのある人ならば「仕方がない」と流せるかもしれません。

しかし、失敗をしたことがない人、多様な軸での評価を受けたことがない人、失敗をしたときに罵倒された経験がある人などは、同じ状況でも「もう人生はおしまいだ」とより悲観的に考えるかもしれません。

このように、同じ出来事でも認知は人それぞれなのです。

だからこそ、自分の認知はどのように形成されたのか、何が影響しているのかを理解することが大切です。理解することによって、例えば、自分の認知には特定の一つの経験が大きな影響を及ぼしていることに気づくかもしれない。また、それを認識することによって、今度は一つの経験から生まれた認知が他の出来事に当てはまらないということにも気づくかもしれない。

さらには、その場での認知には、そのときの状況や体調も含めた心身のコンディションも影響します。疲れているとき、睡眠不足、空腹時、そして忙しくて気持ちに余裕がないときには、特にネガティブな感情や考えが浮かびやすいものです。

先ほど私の事例をご紹介しましたが、育児や仕事で忙しい親御さんで、言うことを聞かないお子さんに腹が立ち、わーっと叱ってしまって後悔したといった経験がある方は私だけではないと思います。

人は余裕がないとイライラの沸点がとても低くなってしまいます。そんなときには、その場で自分の沸点の低さを認識して意識的に深呼吸すること。おやつを食べたり、冷たい水を飲むこと。休めるときには休むこと。あるいは、「今日はママは体調が悪くて、うまく反応できないかもしれないから、なるべく焦らなくてもいいように、早めに準備するとか、自分ができることは自分でするようにして、協力してね」と子どもやパートナーにお願いしてもいいと思います。

そして、つい怒鳴ってしまったときには、自分に優しくなって、「体調悪い中頑張ってるんだよね」と自分に声をかけてあげた後、子どもに謝ることがあってもいいのです。

メタ認知と客観視

先日、6歳の次男が面白いことを言いました。

朝起きると次男の顔に鼻血の跡があったので、「あれ？　夜、鼻血が出たのかな」と聞くと、自分の顔が見えないので血がついていることに気づかなかった次男が、「僕は僕の顔は見えない。ママもママの顔は見えない。人生は一人称でしか生きられない」と言ったのです。

どんなに自分を客観視しようとしても、自分の視点でしか客観視できないこと、だからこそ「人生を自分にとって意味のあるものにしなければ」と思わされた、寝起きの6歳児のけだし名言でした。

自分を客観視するという意味で、「メタ認知」という言葉が存在します。

メタ認知とは「認知を認知すること」。つまりは自分の感じ方のパターンや考え方の癖、そして今自分はどんな思いでいるのかを分析することで再評価の中心的な役割を果たします。その過程において「自分の考え方を客観視してみること」も含まれます。

例えば、翌日がプレゼンの日。

「失敗したらどうしよう。恥をかきたくないな……」など、不安でいろいろな考えが頭に浮かんできます。そんなときに「プレゼン中につっかえてもう一度言い直しても、自分以外は誰も気にしないだろう」などと考え直したりする。

このように、自分を自分以外の視点から見たときにどうなのかと想像して客観視する能力も、感情をコントロールする際に重要な役割を果たします。

自分以外の視点を考えること、認知のパターンについて顧みる働きを支えているのも、実は脳の前頭前野です。前頭前野は思春期頃から急速に育ち始め、一般的には20代後半まで成長を続けると言われています。前頭前野が発達途中の時期には、感情の持つ力が計り知れず、コントロールが不能に思えるかもしれません。しかし、だんだんと大人になるにつれ、感情に大きく左右されることは少なくなっていくものです。

大人になっても前頭前野の力を使い切れていない人はたくさんいますが、その一方で私たち人間に備わった考える力は、何歳になっても成長可能なのです。

「認知の歪み」は誰にでもある

「認知」「メタ認知」と言葉を紹介してきましたが、次に紹介する言葉は「認知の歪み」です。もともとの性格や経験によって築かれた考え方のパターンが「間違っている」あるいは「自分に要らぬ悪影響を与えている」こともあります。

プレゼンの例を引くと、「つっかえてしまったらどうしよう」と緊張する人はたくさんいますが、その中で「つっかえても聞いている人はたぶん誰も気にしないだろう」「一つのプレゼンでつっかえても、それで自分の価値が決まるわけじゃないし」と緊張が解ける人もいれば、「つっかえてしまうことは凄まじく恥ずかしいことだ」と考えてしまう人もいます。

心配しやすい、完璧主義といったもともとある性格に加えて、もしかしたら家族やパートナーからあまり肯定されず、「恥」を感じさせられる経験があったのかもしれません。その結果、何があっても自分を責めてしまったり、些細なことで落ち込んだり、すぐに悪い方向に考えてしまったり、失敗を恐れて周りをコントロールしたいと思う気持ちが強くなったりといった考え方の癖ができてしまった人もいるでしょう。それは「認知の歪み」です。

ここで、認知を次のように再評価してみたらどうでしょうか。「プレゼンでつっかえてしまうことは凄まじく恥ずかしいことだ」という考えが妥当か、再度、評価してみるのです。

私の息子がボストンの学校で習ってきたことに「その問題は大きな問題か、小さな問題か？問題の大きさによって対応も変わり、またすべての問題に対応しなければならないわけではない」というものがあり、とてもいい考え方だと思いました。

同じように、プレゼンもどれだけ大きな（重要な）プレゼンかによっても対応が変わると思います。

どれだけの聴衆がいるのか？

聞いている人の中に自分の将来に関わる重要な人がいるのか？
今までプレゼンでつっかえたことで、何か悪いことが起こったか？
恥をかいたとしたら、それで具体的に何か悪いことが起こるのか？
……といった質問を自分にしてみると、多くの場合は「プレゼンでつっかえても、自分の生活に特に大きな影響はない」という事実にたどり着くかもしれません。

もちろんそれですべての緊張が解けるわけではなくても、少しは安心感が増すのではないでしょうか。

認知の歪みは人に指摘されてもなかなかしっくりこないことも多いので、自分自身でそれに気づかなくてはならない場合もあります。放っておくと、ネガティブな考えに頭の中が覆いつくされてしまいます。その結果、不安の感情に先導された行動によって例えば、プレゼンを完璧にできないならばやらない方がいいと諦めてしまったり、誰にも影響はないような一つの失敗を何年間も悔いたりと、かなりのエネルギーを浪費してしまうこともあるのです。

自分にとって悪影響を及ぼす認知があると気づくには、何よりも自分が抱いた感情を見逃さないことです。そして強い感情が湧いたときに立ち止まって、その感情の背景にある考えや経験、その感情から出てくる行動について思い巡らしてみること。

認知の歪みは長く持ちつづけるほど強くなってしまうところもありますが、何歳になっても遅くはないので、再評価を意識してみてください。

「認知の歪み」の種類

さまざまな形で発現する認知の歪みですが、実は頻繁に現れる何種類かのパターンが存在します。考え方のパターンに名前がついていると、その歪みにも気づきやすくなるものです。

ここでいくつか「認知の歪み」のパターンを紹介したいと思います。

①All or Nothing / Black and White Thinking：全か無か、白か黒か

世の中は白か黒かはっきりしないグレーの事象が多いですし、多くの事象は白か黒かはっきりさせる必要もないものです。しかし、私たちは時として「成功か失敗か」、あるいは「素晴らしいかダメか」の二つに分けたくなってしまうことがあるのです。「１００点でなければ失敗」

と考えてしまうと、確率的に「失敗」の方がずっと多くなり、落胆や自責の機会が増えてしまいますし、「完璧にできないのであればむしろやらない方がいい」と諦めが先行してしまうこともあります。

しかし、実は世の中で「100点満点」である必要があることの方が少ないのです。

80点を取るためにした努力を祝うこと、70点のできの仕事でも十分役割を果たしていること、60点でもなんとかなること、またはその場では30点しか取れなくてももう一度やり直せることもあること。

全か無かではなく、認知にそういった流動性を与えることができると、楽な気持ちになれるものです。

同じように人間に関しても「あの人は素晴らしい」と大絶賛するか、「あの人は最悪だ」と罵倒するかの二択である必要はありません。「あの人はこういうところは苦手だけど、こういういいところもあるんだよね」というグレーの評価も健康な人間関係を築く上では大切です。

② Fortune Telling：予言

Fortune Tellerというのは「占い師」あるいは「将来起こることを確信を持って予想する」という意味です。私たちは未来は不確実であるはずなのに、「私の将来はこうなるはずだ」と信じ込んでしまうこともあります。

この認知の歪みを“Fortune Telling”といいます。

例えば、新入社員が「今この仕事量でギリギリにしかこなせていないということは、来月にはもっと任される仕事が増えて、自分はパニックを起こしているはずだ」と考えたとしましょう。実際は、翌月は仕事に慣れてきてもっと自信を持って仕事をしているかもしれないし、任される仕事は増えないかもしれない。未来を予想して準備をしたり、自分や自分の環境に働きかけることはとても意味のあることだと思いますが、「将来こうなっているはずだ」と心の中で決めつけてしまうと、事が起きる前から不安でいっぱいになってしまい、“All or Nothing Thinking”の例のように、「どうせ失敗するから努力する意味がない」と挑戦する前から諦めてしまうこともあります。

そんな認知の歪みに気づいたときには、「今ここ」で起きていること、感じていること、考えていることに目を向けることが大切です。

③ Mind Reading：読心術

私たちは本来的に、自分以外の他者が考えていることや感じていることはわかりません。しかし、つい「相手はこう考えている。こう思っているに違いない」と決めつけてしまうこともあるものです。

例えば、友人にメッセージを送ったけれど返事がなかったとき。「私のことが嫌いなんだ」「友人は私をリスペクトしていない」という悲観的な自動思考に陥ってしまうこともあるかもしれません。実際には友人がメッセージをチェックしていない、他のことで手がいっぱいで返信する余裕がないという状況であるだけかもしれません。

このように友人から返信がない理由は、自分という存在とはまったく関係のないところにあるのかもしれません。誰かの自分への思いが気になって仕方ないときには「人間、自分以外が考えていることはわからない」という端的な事実を思い出すことが重要です。

また、私たち人間はどんな人であっても友人や恋人に拒絶される経験をするものです。好きな人にフラれてしまった、仲良しだと思っていた友人からの連絡が途絶えたというときには、誰でも傷つき、悲しい思いをします。「どうしてだろう」と理由を探りたくなるものです。しかし、どんなに考えても相手の本当の思いはわからないものですし、理由を聞いてもスッキリしない、あるいは納得できない内容である場合も多いです。

先日のことですが、私の息子たちに、夫が昔の彼女にフラれた話をすると、親に忠実な次男は「その元カノは変な臭いがしてたはずだ」と言いました。息子の発言はとてもかわいいものなのですが、「その人は変な臭いもしないし、いい人だったけど、人間関係というのは、良い人／悪い人というもので決まるのではないんだよ。すごくいい人でも恋人として合わないこともあるし、どんなに素晴らしい人間でもフラれることもあるから、フラれたからといって自分の価値が低いと思う必要はないよ」と話しました。

「相手には相手の思いがある」、そして、「相手が自分について抱く感情は自分がどのような人間であるかとは関係ないこともある」と考えられると、このような場面でも自尊心を保って前に進めるものだと子どもたちに学んでほしいと思いました。

④ Catastrophizing：悲劇化する

“Catastrophizing”とは直訳すると出来事を「悲劇化」するという意味で、一つの悪いことが起きたときに、「きっとこれは大変な悲劇になるに違いない」と考えてしまうことです。

例えば、上司が「来週ミーティングをしよう」と言ったとしましょう。

「上司から一対一でミーティングを設定されるなんて、自分が何か怒られることをしてしまったに違いない。その結果、クビになって、家賃を払えなくなって、ホームレスになったらどうしよう」と、どんどん悪い方向に考えが向かって「悲劇化」してしまうこともあるでしょう。しかし、実際は上司から言い渡されたミーティングが何のためなのかはわからないのであって、怒られるわけでもないかもしれないし、仮に怒られても、クビにまではならないかもしれない。また仮にクビになっても、次の仕事を探すことでホームレスになると決まったわけではない。

一つの不安が雪だるま式に増えていってしまうことはありますが、それに気づいたときには、一度立ち止まり、今わかっている情報は何なのかをもう一度見直すこと。そして今わかっている中で状況に対応することを意識すると、案外明るい状況、あるいはコントロールできる状況だったと気づくこともあるものです。

⑤ Labeling：ラベルを貼る

「試験に落ちた自分は『バカ』だ」「遅れてきた同僚は『怠け者』だ」と人や状況を形容する

「ラベル」を貼ってしまうと、なかなかそのラベルを剝がすことは難しくなります。試験に落ちてしまったのは、試験のために準備する時間を持てなかった事情があったのかもしれませんし、試験の内容がたまたま苦手分野だったのかもしれません。準備不足はもちろん避けたいものですが、それは「バカ」であるわけではありません。また、苦手分野は誰にでもあるもので、それが「バカ」ということでもありません。しかし、一回自分を「バカ」と呼んでしまうと、その印象が頭から離れずに、何があっても「自分はバカなんだ」と考えてしまいがちです。同じように遅れてきた同僚も事情があって、「怠け者」であるわけではないかもしれません。

自分や他の誰かにラベルを貼ってしまうと、そのラベル以外のその人の特徴や良さが見えないどころか、その人の実際の問題点さえも明確に見えなくなることもあります。するとそこから成長することも、問題解決のための対策を立てることも難しくなってしまいます。

「ラベルを貼ってしまっているな」と感じることがあったら、「バカ」や「怠け者」という言葉ではなく、何が気になるのかということを具体的に書き出してみるといいかもしれません。

⑥Discounting the Positive：マイナス化思考（ポジティブ面が見えない）

ＳＮＳでどんなにたくさんの肯定的な評価を受けても、一つのネガティブなコメントが気になって仕方がない。仕事で結果を出しても、自分の努力や能力のおかげだと思えずに「単にラッキーだっただけ」と言ってしまう。素晴らしいパフォーマンスだったのに、一つの失敗が気になって仕方がない。

人生の中での経験はポジティブなこととネガティブなことが混ざっているはずなのに、なぜかネガティブなことの方に視線が行ってしまうこともあります。これが“Discounting the Positive”という認知の歪みです。

もし、ネガティブなことばかりに着目してしまっていると気づいたなら、それと同じくらい、あるいはそれ以上にポジティブな面があるはずだと、意識的にポジティブな要素を探してみると案外見つかるものです。

⑦ Overgeneralization：過度な一般化

一人の男性に浮気をされた人が「男性は浮気するものだ」とすべての男性にその特徴を当てはめてしまうというように、一つ、あるいは少数の事象を全体に通じる法則かのように過度に一般化して当てはめてしまうことも典型的な認知の歪みの一つです。

特にトラウマ経験に関わる認知は一般化しやすく、交通事故の後にはすべての車や似ている道が危なく感じたり、性被害の後には加害者に似ている人や（例えば中高年の男性といった）同じ属性を持つ人に嫌悪を感じたりすることもあります。同じトラウマを経験しないように脳が自己防衛機能を働かせているからこそ、このような反応が起きますが、少しずつ過度な一般化をしている印象に当てはまらない「例外」を探していき、「似ているものすべてが怖いわけではないかもしれない」「浮気をしない男性もいるかもしれない」という可能性を感じることができたら、そこから認知の歪みは少しずつ修正されていきます。

⑧ Personalization：個人攻撃だと勘違いして受け止める

何気なく目にしたＳＮＳのコメントが、自分に宛てられたものなのではないかと考えてしまう。一般的な状況についてコメントした他人の発言も自分への攻撃だと感じてしまう。私たちはつい、すべての事象が自分とどこかつながっていて、少しでも身に覚えがあることは「自分のことなのでは」と考えてしまいがちです。しかし、「自分のことだ」と思ったことでも、まったく自分とは関係ないことも多いということを覚えておく必要があります。

「自分を攻撃しているはずだ！」と「攻撃」に「仕返し」したくなってしまったときには、まず一呼吸しましょう。「その言葉が自分への攻撃でなかったとしても、私は同じ返答をするだろうか」と冷静に考えてから、反応するように意識するといいでしょう。

このような認知の歪みは誰でも経験するもので、さらには必ずと言っていいほど感情を強く揺さぶるものです。感情は瞬時に浮かんできてしまうものですが、感情だけではなくその下にある「認知」の分析と改善を試みるのが再評価の基本でもあります。

違う視点が見えると本当の考えや感情が明らかになる

さて、具体的にどのようにして再評価を行えばいいのでしょうか？　正しいやり方があるわけではないのですが、私は育児の例でも紹介したように、自分の中のネガティブな感情に気づいたら、一度立ち止まって「感情」「考え」「行動」の三つに分けて見つめ直してみるというのを基本プロセスにしています。

今感じていることを意識的に見つめ直すこと。そして感情の裏に隠れている考え方を「これは本当に合っているのかな？」と立ち止まって捉えてみること。そうした癖をつけるだけでも、その後の気持ちや行動は変わってくるものです。

　実際に私が再評価を実践した日常的な一コマをご紹介します。

シーン①

自宅で夫とあるアクション映画を観ていたときのことです。私は映画に出てくる大乱闘シーンがとてもつまらないものに思え、なぜかイライラしてきてしまいました。

「なんでこんなに多くの人が戦う必要があるの？　映画の中じゃなくて現実の世界でこんなにたくさんの人が喧嘩して、色んなものが壊されたら大変じゃない！」と批判を繰り返す私に、夫が笑って、「エキストラで出る俳優さんはいつも何かの役側で仕事がないかとオーディションを繰り返していて大変だと聞くけど、こんなにたくさんのエキストラが雇われたってことは、俳優さんたちのためにはいいシーンだったね」と言ったのです。

　それを聞いた途端、私はそれまでとは違う視点で同じ映画の乱闘シーンを観ることができました。すると、目の前の大乱闘シーンが面白くてもつまらなくても私の人生には影響することはなく、それに対して感情的になる必要もないと思えました。

また、後になってから、どうして自分があのときあんなに批判的になっていたのか考えたら、私自身が仕事の疲れを抱えており、余裕がなかったのかもしれないと気づきました。夫の何気ない言葉のおかげで別な考え方があることに気づくや否や、イライラのレベルがスーッと下がるのを感じました。

このとき私の身に起こった「感情」「考え」「行動」はこんなふうに分類できます。

出来事・・・映画の大乱闘シーンがつまらない。
感情・・・イライラする。
考え・・・乱闘シーンがつまらない、映画の世界ではなく実世界でこのような大人数の乱闘があったら大変なことだ。
行動・・・最初は批判ばかり口にしていた。

この一個一個に関して向き合ってみると、

考え・・・実際にあったら大変な、そしてつまらないシーンかもしれないが、夫が言うようにこのシーンがあることで、常に役探しをしてオーディションを受けているたくさんの俳優が雇われたということを考えると、このシーンは少なくとも雇われた人たちに喜びをもたらし、彼らの生活を可能にしたシーンかもしれない。また何よりも大乱闘シーンが面白くてもつまらなくても私の人生には大きく影響しない。

感情・・・そう考えてみると、映画に感じたイライラは少しずつ収まってきて、私は何に怒りを感じていたのだろうと感情や考えを掘り下げて捉えられるようになり、実際は仕事の疲れなどが影響して、小さなことに反応してはイライラしていただけなのかもしれないと気づくことができた。

行動・・・すると行動も変わり、映画を批判することはやめ、むしろ疲れを取るためにただただリラックスしようと夕方の時間を楽しむことができた。

シーン②

２０２２年の夏のこと。私が住むボストンでは、雨がまったく降らず晴天がずっと続いていました。蚊が出ないので快適だなぁと思っていましたが、９月に入り、子どもたちが新しい学校に転校して初めての登校日に悪天候になったのです。空は真っ暗、ザーザー降りの雨はやみそうにありません。

「今日に限ってなぜ？　学校のどの入り口を使うべきかもわからない登校初日が雨なんて、濡れながら迷うことになるかもしれない。初めての休み時間に校庭で遊ぶこともできない」と気が滅入ってきました。でも、よく考えたらこの日照りで庭の芝は茶色になってしまっていて、雨が降ればみずみずしい緑色の芝生に生き返るかもしれない。すぐに「これは恵みの雨ね」と思い直すことができました。

雨に対する考えが変わり、イライラが落ち着くと、実際に私を感情的にさせていたのは雨ではなく、子どもたちが初めて新しい学校に行くことに関して心配だったからだと気づくことができました。

イライラの陰に隠れた感情が実は不安だったことに気づくと、「心配しないわけないよね、親だもん」と受け入れることができ、若干の不安が続きながらも、おかげで明るい気持ちで子どもたちを送り出すことができたのです。

これもシーン①と同じように「感情」「考え」「行動」に分類をすると、

出来事・・・初登校の日はザーザー降りの雨だった。
感情・・・憂うつ。気が滅入る。腹立たしい。
考え・・・子どもたちの初登校の日が雨だと、雨に降られて濡れながら入り口を探したり、校庭で遊べなかったりと不便がある。私は子どもたちの初登校はスムーズにいってほしかったし、子どもたちが新しい学校でいい初日を過ごせることを望み、晴れてほしかった。
行動・・・雨についてブツブツ文句を言う。

ここで一つ一つの要素を再評価すると、

考え・・・「登校初日の雨は残念でも、このザーザー降りの雨のおかげで、夏の間枯れてしまった庭の芝生が生き返るかもしれない」と考え直した。
感情・・・雨のいいところに気づくと、抑うつ的な気分が自然と収まった。

さらに続けて、

考え・・・雨に対するイライラが収まった時点でもう少し自分の思いと向き合ってみると、実は私がイライラしていたのは、子どもたちの新しい学校の初日、友達はできるだろうか、楽しい時間を過ごせるだろうか、いい一日を送って帰ってくるだろうかという心配をしていたからだと気づいた。

感情・・・実はイライラに隠れた私の本当の感情は不安だった。不安に気づくと、「子どもたちが新しい学校に初めて行く日に親が心配じゃないわけないよね」と感情を受け入れることができ、もちろん「大丈夫かな」という気持ちは続いたが、少し気持ちも和らいできた。

行動・・・その結果、雨の中でも子どもたちを明るい言葉で送り出し、笑顔で迎えに行くことができた。

ほんの些細なことですが、「再評価」を取り入れたことで、私の感情がポジティブに変化した例です。

感情は無理やり変えられないし、自然に湧き上がる気持ちを無理に抑えつけない方がいいのは確かです。でも「考え」を見直し、視点を変える、あるいは視点を増やすことはできます。その結果、この例のように感情がネガティブからポジティブに変わっていくこともあるのです。

書き出して整理する

ここまで読み、再評価ってすごいものかと思ったら案外シンプルで簡単そうと思われたかもしれません。

もともと私たちが日常的に無意識にやっていることでもありますし、何も特別なことではありません。だからこそ、意識的に再評価の機会を増やしてみることに意義があるのです。

慣れないうちは、悲しい気持ちや怒りの気持ちが湧いたその場ではできなくても、少し時間が経って落ち着いた段階で、あらためてそのときの「感情」「考え」「行動」を振り返ってみるというようなことから始めるといいでしょう。心が静まったところで、再び状況を考え直してみるのです。

ノートなどに書き出すという方法もありです。

私の場合は、すごくイライラしているときに、感情のままに送るあてのないメールを書いてみたり、どうして嫌な気持ちになったのかをつらつらメモ書きにしたりしています。スマホのメモアプリにただただ書き出すこともあります。もし書くよりも話す方がよかったら、自分の声を録音してもＯＫですし、誰かと話すことでもいいでしょう。

グルグルと頭の中を堂々巡りしている思いをいったん脳の外に出すことで、感情を手放し、冷静に見つめることができるかもしれませんし、書いているうちに自分にとって何が大事なのかが整理されていくこともあります。「ただ書くだけでいいの？」と思われるかもしれませんが、とにかくこの「頭の外に出す」ことが大事なのです。

例えば、恐怖の感情が沸き起こるトラウマの出来事というのは、もう二度と味わいたくない、自分の安全を脅かされる状況ですが、脳の危機管理のために「忘れちゃいけない」こととして深層心理に残ることがあります。同じようなことが起きそうになると、脳が反応しすぐに闘争・逃走行動が取れるように嫌な感情を何度も呼び起こすのです。脳はこのように忘れてほしくないことは何度も不思議な形で思い出させる仕組みにできています。

書き出すということは、「いったん忘れてもいい。必要なときに読み返せばいい」と思える。

書き出すことで、必要になったら書いたことを見直せばいいから、「常にリマインドせずとも大丈夫」というメッセージが脳に送られるので、（書き出している最中は悲しい思いをすることも多いのですが）その後にはトラウマ体験の日常生活への影響が少なくなり、気持ちが楽になることもあるのです。

書き出すことで考えが明瞭になることも、隠れていた感情が表に出ることもあります。こうやって練習をして、コツをつかんでくると、感情が湧いてきたその場で再評価を取り入れることができるようになり、だんだんとネガティブな気持ちに支配されにくくなってきます。

立ち止まることの大切さ

人間の脳は、瞬時に好きか嫌いか、安全か危険かを判断して感情を呼び起こすようにできていますが、すべての感情に私たちは反応して行動を起こさなければならないわけではありません。「この感情に従うべきだろうか、行動すべきだろうか」と一瞬「立ち止まる」ことが再評価の第一歩です。

私が、不安障害やうつ気分に悩む患者さんによく話すのは「波乗りを意識してね」ということ。不安や怒りといったネガティブな感情は一度高まってもその後だんだんと小さくなりながら岸にたどり着く波のようなものなのです。波は完全になくなるわけではありませんが、そんなに長くピーク（一番高い位置）は続きません。だから、とりあえず一呼吸置いて、波が岸に着いたなと思ったら、自分の感情について見つめ直してみましょう。

私たちは高い不安や悲しみや怒りの波に乗っているときには、「嫌な感情をなくすために行動しなきゃ」と思ってしまうものです。怒りを吐き出そうとして怒鳴ってしまったり、不安な出来事への解決策を探そうとしてネットでさまざまな情報をとってきたり、と焦って行動してしまうのはそのためです。しかし、脳の中で感情を司る扁桃体が活性化しているときというのは、「考える」ための前頭前野などの大脳皮質の働きが抑制されるものなので、つまり感情が高まっているときには、判断力や考察力が鈍っているのです。

ですから、感情の波が高い位置にあるときにせっかくその感情を抱かないようにするためにした行動も、あまり長期的には役立たない「悪い判断だった」ということもあるのです。

例えば、「不安を解消するために集めた情報は、すべて誤情報だったが、その場での考察力が鈍っていたことから、それに気づくことができなかった」ということはよくあることです。あるいは、「怒りに覆われた気分で誰かに怒鳴ってしまって後悔した」ということもあるでしょう。
だから、まずは一呼吸置くこと。そして高い感情の波に乗っているときには、感情に先行された判断はせずに、その波が少し収まって岸に着くことを待つこと。その間は外気を吸う、好きな音楽を聴く、絵を描く、運動をするといった意識的な気分転換をすることもお勧めします。

ソーシャルメディア（ＳＮＳ）が普及した現代では、あまりに速いペースで会話が進んでいくので、一呼吸置くことが難しく思われるかもしれませんが、むしろそんな時代だからこそいったん立ち止まることの大切さを感じるのです。

ネットメディアは見たくないものも見えてしまいますし、たまたま他人の争う様子や嫌なニュースを目にして振り回されてしまうということもよくあること。思わぬところでなぜか気持ちが囚われて、傷ついてしまうことだってあります。

このように感情を刺激するＳＮＳを使う中で、感情に任せてコメントを書いてしまっては、長期的に自分の幸せにつながるようないい判断ができていないことも多いのです。また、自分の投稿に寄せられたすべてのコメントや質問に答える必要はありません。速いペースに巻き込まれていると感じたら、立ち止まって、その場を去ってもいいのです。

かっこ悪い感情や考えも受け入れる

人気のある友達のインスタグラムを見て、なんとなくイライラした感情が湧いたとしましょう。そんなときにはそのイライラをまずは受け止めて、その裏にはどんな思いや考えがあったのかと思いを馳せてみましょう。そこには羨ましいような、妬ましいような気持ちがあったと気づくかもしれません。

嫉妬は自分ではあまり認めたくない思いでもあるでしょう。しかし、どんなにかっこ悪い感情であっても、それは自然なもので、嫉妬を感じない人なんてこの世の中に一人もいないのです。だから、そんなかっこ悪い感情を抱く自分に少し優しくなってあげることも大切です。

あるいは「他人の承認欲求が満たされているところを見ると嫌な気持ちになる」といった何とも言えない思いが背景にあるかもしれません。どんなにネガティブな思いであっても、受け入れること。「私はこう感じていたのか」と自分の気持ちが言語化されただけでも、ずいぶん感情は収まってくるものです。また、こうして感情が少し収まると、現実を分析してみる心の余裕もできるものです。

人を妬むことは相当のエネルギーを使うものですが、そんな自分の思いを否定することも実はかなりのエネルギーを要することです。だから、自分の嫉妬の感情を認識し、受け入れた上で、その状況について考えてみること。すると、「人気の差で自分の人生が変わることはない」という現実が見えてくることもありますし、「私は私の人生を歩いて行こう」と気持ちを切り替えて、自分や自分の大切なことのためにエネルギーを使うことができるようになるでしょう。

ここで重要なステップが「どんなに抱きたくない感情や、認めたくない考えでも、『自分が感じていること』は受け入れる」ということです。

それをスキップして論理的に「『いいね』の数で人生は変わらない」と言ってもなかなか感情は論理に従ってくれません。無理やり論理で押し込めた感情は、むしろ変なパワーを得て、さらによくない方向に強力になってしまうことさえあるのです。しかし、感じている思いを「私はこう感じているんだ」と受け入れ、納得した上での再評価はとても効果的なので、人間の心というのは面白いものです。

第3章　レジリエンスを育てるために

分断の中での再評価——コロナ禍の誤情報と戦う中で

前章までで、再評価のやり方や事例をいくつか紹介してきました。

再評価は、ある状況下で湧いてきた感情を受け止め、自分の捉え方を評価し直し、新しい考え方を取り入れていくことです。しかし、型どおりに当てはめても最初のうちはうまくいかないこともありますし、苦しい状況であればあるほど、再評価のハードルも上がるものです。

そこで、この章では苦難を乗り越え、レジリエンスを育てるために再評価を行う際のヒントをご紹介できたらと思います。

「他人と自分は違う人間である」という視点を持てるかどうかは、再評価をする上でとても大切なことです。再評価の中で、今抱いている自分の感情は「本当に感じる必要のある感情なのだろうか」と思える第一歩は、「現在の自分の視点以外の他の視点が存在する」という可能性に気づくことだからです。

しかし、残念なことに、コロナパンデミック下では人々の分断や対立が大きな社会問題になりました。ワクチンを打つか打たないか、マスクをするかしないかなど、新型コロナウイルス対策への価値観の違いから、それまで親しかった家族や友人と気持ちがすれ違い関係が悪化してしまった人、ネットで反対派を見るや攻撃する人、ＳＮＳで罵り合う人などが現れました。アメリカでは、アジア人というだけで新型コロナウイルス発生の根源だという偏見を向けられ、襲撃されるという事件が多発したりもしました。このようにネガティブな感情は時に他人への執拗な攻撃に変わってしまうことがあります。

分断が起きると力を持つのが誤情報や偽情報です。コロナパンデミックも例に漏れず、ネットで拡散される誤情報が後を絶ちませんでした。地球上に重力が存在するかどうかには「存在する」という答えしかないように、科学というのは事実であるかないかがはっきりしています。

ニュース番組の議論で正誤が決まるわけでもなく、また両極端な所説の中間点が事実であるわけでもありません。

それにもかかわらず、あまりに誤情報や偽情報がコロナ禍で大きなインパクトをもたらしたため、「インフォデミック（ネットなどの噂やデマも含めて大量の情報が氾濫し、社会に影響を及ぼすこと）」という言葉が健康に関わる要因としてＷＨＯ（世界保健機関）でも取り上げられたほどです。

非科学的な誤情報がこれだけ拡散されてしまった背景には、多くの人が不安を抱えていたために覚えた「情報を集めなくては」という焦燥感が判断力を鈍らせたということがあるでしょう。

いつもは正常な判断ができる人でさえも心が大きく揺れ動き、これまでになく攻撃的になったり、逆に他人を拒絶してふさぎがちになったり。子どもから大人までこの期間にメンタルが不安定になった方はとても多かったのです。

人と意見や価値観が違うとき、がっかりしたり、なんだか腹立たしかったり、相手に警戒感を抱いたりすることは誰にでもありうることです。けれど、コロナ禍でのインフォデミックは人々が持っていたネガティブな感情をさらに増幅させていきました。

こんな分断の中でのイライラする感情を再評価することは至難の業ですが、私にとっては役立った考え方がいくつかありました。それが「エンパシー」「昇華」「他愛」「ユーモア」でした。

誹謗中傷から心を守る「エンパシー」「昇華」「他愛」「ユーモア」

私が日本のメディアに出演するようになったのは、奇しくもこのコロナパンデミックがきっかけでした。

２０２１年1月初旬、妊娠中に新型コロナワクチンを接種し、翌月三男が誕生しました。

妊婦の新型コロナワクチン接種は今となっては日本でも世界でも推奨されていますが、当時はまだ妊娠中の接種の臨床試験が存在しなかったので、そのときにあった基礎医学研究や動物実験などの科学情報を自ら吟味して、接種が妊娠に影響を及ぼすリスクは非常に小さいと判断しました。

逆に、接種しなかった場合はどうなるか。妊婦の新型コロナウイルス感染症の重症化リスク、死亡リスクが同世代の女性に比べて高く、重症化してしまった場合は妊婦さん自身がつらいだけでなく、お腹の中の赤ちゃんにも悪影響が及ぶこともあります。

ワクチンを接種しないリスクが接種するリスクと比べて圧倒的に高いことは明らかだったため、自分と子ども、家族を守るための接種でした。このワクチン接種に関する考え方を、私が所属する病院がSNSで発信したことがきっかけで、その後、日米のたくさんのメディアから取材を受けることになりました。

それと同時に、蔓延してしまった非科学的なワクチンの印象が影響してか、驚くほどの誹謗中傷にさらされることにもなりました。SNSでは「最悪の母親」「幼児虐待」などという言葉で批判・罵倒されたり、匿名で非難するDMが直接届いたりもしました。ひどいものには偽物の「死産報告書」を送り付けられるなんていうこともあり、そこには「胎児の死因は母親のワクチン接種」と書かれていました。また、ワクチンとはまったく関係なく、私の容姿を侮辱するもの、性的なコメント、経歴や肩書を疑うものもありましたし、私も中心メンバーとして活動した非営利プロジェクトの「こびナビ」本部にはカッターナイフの刃が送られたこともありました。

どんなに攻撃されたとしても、科学的な事実が揺らぐことはありません。また、私の科学者、そして医師としての発言も変わることはありませんが、一人の人間としてとても悲しく嫌な気持ちになりました。現実社会で出産を控えた女性に対して面と向かって大きなストレスになるような言葉を投げつける人はあまりいないと思いますが、顔の見えないネットではそんな残酷なことも起こりえてしまうことを知りました。

その状況の中で感じた怒りや悲しみはなくなりませんが、そんな感情を私がどうやって「再評価」することができたのか。そのプロセスを助けてくれた概念がいくつかあります。

一つ目はエンパシーでした。

「エンパシー(Empathy)」とは「相手はどんな気持ちだろう」などと相手の目線や経験、人生観に基づいて意識的に想像してみることです。

どんなに反対側にいると思う人でも、その人の心底願っていることや、根源的な経験には共感できることもあるのではないか。そう考えてみると、ワクチンや新型コロナウイルスについての科学的事実を伝える努力をしている私も、漠然とした不安を抱えてワクチンに忌避感を持つ人も、この前代未聞のパンデミックという状況の中で自分と大切な人の安全と健康を守りたいと願う気持ちは一緒だということに気づくことができました。

「予防」という可視化が難しいベネフィットや、目に見えないウイルスとの闘いへの不安、過去の薬害問題に対する社会のトラウマ、そういったものが忌避感《きひかん》につながるということにもエンパシーを感じました。たまたま生物科学と医学の知識があったから医師の私はワクチンの理解に苦しまなかったけれど、これが機械工学や建築の分野で自分の安全を守るための判断を迫られていたら、同じように疑問や不安を持たずに対応ができていただろうか。

そう考えてみると、忌避感を持つ方々に攻撃し返したいという気持ちは湧きませんでした。

二つ目は昇華。

「昇華（Sublimation）」とは、ネガティブな感情を社会や自分の成長のために使う（昇華させる）ことを意味します。

世の中の不条理、不平等、環境問題などの社会課題に気づいて怒りが湧いてきたら、それを原動力に何か情報発信をしてみるとか、仲間と共にその問題について学んでみるとかといったこと。私が積極的にワクチンの啓発活動をしていたのもまさに昇華だったのです。

私が妊婦として受けた誹謗中傷は、世界（特に日本）における「母親」への視線の象徴だと思いました。母親というのは自分や家族のために責任ある判断をしなければならない状況に頻繁に置かれますが、その判断をするための情報にはなかなかありつけず、また判断をするためのサポートにも出会えないことが多い。そんな状況を生き抜く日本の妊婦さんやお母さんに、当事者である私、また三児の母である私が、医師としての知識と経験をシェアすることが何か心のサポートになるのではないか。

そう信じて、自分にできる発信や働きかけを続けることにしたのです。

三つ目は他愛。

「他愛（Altruism）」とは、自分がストレスや抑うつを感じているときに「誰かの役に立っている」と実感できるとネガティブな感情が和らぐという考え方です。

ちょっとした親切という小さなことで十分です。道端に落ちていたゴミを拾ってゴミ箱に入れた、道に迷っている方に行き方を教えてあげた、おばあさんが困っていたので荷物を持つのを手伝ったなど、小さな「助け」「親切」が自分の心を豊かに穏やかにしてくれます。

私も誰かが私の言葉を支えにしてくれたら嬉しいと思って啓発活動を続けました。

また、逆に誰かに親切にしてもらったときには感謝の言葉をかけることも意識しています。

四つ目はユーモア。

私はアメリカのレイトナイトコメディが好きなのですが、政治や社会の問題点をハイライトしながら笑いを取る知性に度々感動させられています。考えることも嫌な問題について、社会の中の個人個人が考えるためにそんな笑いがきっかけになることもありますね。

新型コロナワクチンの啓発活動をしているときに、ある企画に怒りを覚えたことがあったのですが、一緒に活動していたデザイナーの女性がユーモアを交えてその企画の問題点をハイライトしてくれ、私は思わず吹き出してしまいました。ネガティブな空気感のときに決まってちょっと笑える時間を作ってくれる彼女は、誰かを傷つけることもなく、問題を隠そうとするのでもなく、その場の空気を凍らせないようにユーモアを交えながら表現してくれることによって、「これは怒っていい出来事だ」と気づかせてくれるのです。自分もそんな鋭いユーモアセンスが持てるように参考にしたいなと、いつも感心させられています。

こんなふうに、最初の思いはネガティブなものであったとしても、自分の中に宿る人への優しさやユーモア、そして前進したいと思うエネルギーを見つけられると、いざ逆境に陥っても自分なりの解決法や糸口を見つけられるようになるものです。

自分ではコントロールできない状況での再評価——人間関係に悩んだら

責任感の強い方は、何かうまくいっていないときに「自分自身に足りない部分があるから失敗したのだ」と自分を責めてしまうことがあると思います。でも、世の中は自分の努力でコントロールできることばかりではありません。もちろん自分の責任をしっかり見つめて修正可能なことは正していくことが重要です。一方ですべて自分自身の欠陥に起因したのだと考えるのではなく、社会や他人、職場環境などに要因がある可能性を吟味することも大切です。

これは私自身の経験です。

イエール大学病院の研修医のときに、たまたま意地悪な指導者に当たり、その指導医からのハラスメントに苦しんだ経験がありました。

私がミーティングに現れても目も合わさずに挨拶もない。私が答えられなそうな質問を皆の前でして、答えられないことを罵る。私に対する不満を病棟のスタッフに言いふらす。内輪のジョークで私がわからないようなことで盛り上がる、といったことでした。

その指導医の私への評価はとても低く、病棟内では絶対的な力を持っていた指導医から罵られる毎日はかなりつらいものでした。


当時私は20代前半で、日本で医学教育を受けてきたため、わからない英語の略語や医学用語の言いまわしがたくさんありました。加えて、教科書と筆記試験を重視した日本の医学教育を受けてきた私と、実践型の教育を受けてきたアメリカ人の同期たちとの実力差もありました。さらに私には慣れないアメリカ文化の中で、どういったタイミングで、どのように自分をアピールしたらいいかという知識もなければ経験もないのです。

わからないことを先輩医師に質問することさえ、難しいと感じていました。その指導医はそういった私の、若い外国人研修医特有の弱い点を意図的に突いてきたのだと思います。

その後、複数人の審査の結果、最終的には私は研修医としてイェール大学でも高い評価を受けました。優等生として、ハーバード大学の小児精神科研修医として次のステップを踏むことができました。しかし、ハラスメントを受けていた当時は、大学内で私のことを知っている人もあまりおらず、またこの指導医の発言が影響し、あるときハードなローテーションに割り当てられ、研修プログラムから「自分の能力を証明するように」と迫られたのでした。

私のせいでこうなったわけではない。そして、力関係の上で強者となる指導医に罵られる環境下で自分の能力を証明するという難題は、まったく私のコントロールが利かない状況のように思えました。こうした「自分にはこの状況をコントロールできない」という感覚は、力を奪われるようで、とても悲しい思いでした。

しかし、そんな状況でも私に再評価する力を与えてくれたものがあります。

一つ目は「コントロールできない状況の中でもコントロールできるものを探す」こと。

二つ目は支えてくれた人。

三つ目は「私の得意なことは何か？」と考えることでした。

私はこの状況で「自分が変えられる部分」あるいは「自分の責任」はどこなのか、また「仕方がない部分」はどこなのかを考えました。

指導医が個人的に私のことを好まなかったこと以外にも背景がありました。当時の私はアメリカの医師資格を取るためのハードな勉強を乗り越えており、イェール大学病院の研修医になれたこと自体が一つの大きなゴールを達成した気持ちになっていたのです。また、そこに行き着くまでがあまりに大変だったので、研修医生活を始める頃には疲れ切っていたと言ってもいいでしょう。

対して、アメリカの医学教育を受けたアメリカ人の同期の研修医たちはすでに即戦力として能力を磨いてきただけでなく、質問を多くすることや意見を言うことが望まれる教育環境で育てられたことからコミュニケーション能力がありました。

そのような背景があり、実践力やコミュニケーションという点で他のアメリカ人の研修医と私の間には、実践力に明らかな差があったのです。

さて、ここに書いたことは「自分が変えられること」なのでしょうか？　それとも「仕方がないこと」なのでしょうか？　私は、答えは両方だと思います。

実践的な知識をつける機会が日本の医学教育には少なく、また上下関係などの病院内の人間関係の微妙なニュアンスが日米で違うことで、研修医として指導医にうまくアピールや質問ができないこと。こういった背景は日本で育った私にはどうすることもできません。私のコントロール下にはない「仕方がないこと」でした。また、とある個人から私が好まれないことに関しても、「仕方がないこと」です。

しかし、患者さんがいる医療という世界で、もし患者さんへのケアに影響してしまうことがあった場合は、「仕方がない」とは言えません。私が成長しなければならないのは明らかでした。

こういった事実を受け入れてみると、逆に「今私がいる状況を変えるためにできることもある」ということがクリアに見えてきたのです。

実践力という点で、いきなり文化的な違いを乗り越えて、万能でアピール上手な医師になることは難しいですが、いい臨床判断ができるように、そして授業などで意義ある発言ができるようになるために、知識を増やすことはできる。患者さんや、病棟スタッフとのコミュニケーションを取ることもできる。また、単純に時間を守ること、与えられた課題をこなすこと、そういったことはできる。そう思い直したのです。

その後、逆境の中で能力を証明するために、毎日100%以上の努力をして、気を抜けない日々を送るのは本当に大変でした。

医学教育の点でアメリカ人の研修医たちに追いつくためにこの時期にした勉強量はアメリカ医師国家試験の受験前と同じくらいだったかもしれません。その知識を活かして患者さんのためになる判断をしていくこと、他のスタッフから頼まれたことも一つ残らず落ち度なくこなしていくことも容易ではありませんでした。

次第にこういったコツコツした努力が周りの人に気づかれるようになり、自然と少しずつ周囲の信頼を獲得していったのです。そして、何よりもこの努力を通して私自身が医師として大きく成長することができました。

このような状況において、「全部が自分のせいだ」と思ってしまうと自己肯定感が破壊されてしまうかもしれません。また、他からの力に影響され、自分ができることは何もないと捉えると、自分の力を奪われるようなパワーレスな状態になってしまいます。

長い人生の中で誰かからの評価を受けて「自分はダメな人間だ」と思わされることがあるかもしれません。しかし、当時の私は「すべてが自分のせいなのではない」「自分のコントロール下ではない、仕方ない状況もある」という視点を持つことで、自分を責めすぎたり、自分を否定しすぎたりすることを避けられたのではないかと思います。

その上で、「仕方ない状況の中でも、私が変えられる部分、私がコントロールできる要素はなんだろう?」と探したことで、パワーや希望を完全に奪われることはなかったような気がします。

少し視野を広く持って、仕方ないことを受け入れた上で、自分が働きかけられるところはどこだろう、自分が変われるところはどんなところだろうと考えることに前に進むヒントがあると思うのです。

支えてくれる人に感謝する

イェール大学での研修医時代、とてもありがたかったのは、友人や、当時付き合い始めたパートナー（今の夫）の存在でした。ただ話を聞いてくれた人、勉強会をしようと誘ってくれた研修医仲間、アメリカ文化の中で職場でプロフェッショナルとして見られるために何をしなければいけないかを具体的に教えてくれた人もいました。

特に「研修医のローテーションはよい経験を積むためだけに用意されたものではなく、あなたがいかに優れた研修医かということを見せに行く場でもあるのだ。ここでは、どんな場面でも常に評価されている立場にあると思いなさい」と当時イェール大学の医学生だった友人から教えられたときには、ハッとして目が覚めました。

日本で教育を受けてきた自分はこの環境では不利かもしれないけれど、「卒業と同時にアメリカの医師になれた外国人医師は他にいない。アメリカ人の指導者にはすぐに見えないかもしれないけれど、あなたの実力は隠しても隠し切れないよ」と言ってくれた、同じく海外の医学部出身だった医師の友人の言葉や、「あなたの努力は私たちがわかっている」と日本にいる両親が言ってくれたことも助けになりました。

また、チェリストである今の夫が、舞台の上で輝く裏でどれだけ日々コツコツと努力しているかを垣間見ることができたことも、私に勇気を与えてくれました。

当時夫はイェール大学音楽学校の博士課程の学生でした。華やかに見える音楽家ですが、舞台に上がる前に一つの旋律を何十回も弾いていること、博士課程の中で研究する音楽史や分析を通じて曲の表現をこうしたいと共演者に伝えているところ、そういった努力を間近で見て、私も頑張ろうと思えたのです。

苦難に見舞われた際にも、必ず支えてくれる人がいるもので、苦しいときだからこそ、その人たちとの関係を大切にし、感謝しなければと思った経験でもありました。

打ちひしがれるときこそ自分のストロングポイントを探す

また、「自分の強みは何なんだ」と向き合ったことも、私がつらかった時期を乗り越えられた一因でした。

私の場合、自分の強みを考えてみると、もちろん例外もありますが、多くの職場ですぐに同じ研修医の仲間やナース、ソーシャルワーカーと仲良くなれることだと気づきました。自分が自分らしくいられる人間関係があるかどうかもその場でのストレス耐性に大きく影響することです。私の心を守ってくれるストロングポイントは、よい人間関係を築くことかもしれないと気づいたのです。

人にはそれぞれいろいろなストロングポイントがありますが、打ちひしがれているときこそ、自分のいいところを見つけて、どんどん利用していくこともまた自分を救う力になります。

また、私はとにかく一週一週を乗り切ることを意識していました。金曜日の夜を目指して、その2週間を生き抜くには何曜日の時点で何をすべきなのかということを計画して過ごしました。

何か問題を抱えているときには、目標到達点が到底登り切れないほど高い山に見えることがあります。しかし、目の前の一つ一つのステップを乗り越えていくことに注力すると、これならできると思えることがあるはずです。

ストレスフルな状況や苦痛な体験であっても、長期的に見ればよかったと思える経験になることもあります。

すぐに解決できない問題と解決できる問題を切り分けるなど、大きな時間の流れで状況を捉え直すことも大切です。そうやって計画を立てて、それを実践していけることも、私のストロングポイントだと気づきました。

また、職場以外で自分が輝く場や、心が満たされる場を探すことも大切だと感じました。

私は幼い頃から図画工作が得意で、洋服や小物を作るのが大好きでした。加えて、ダンスも好きで、フラメンコを習って特技としていました。研修医の多忙な時間の中でも少し趣味にあてる時間も作り、「自分にはできることがある」と、あるいはもうちょっと単純に「人生に楽しいところもある」と実感できたことも心を守ってくれた一因である気がします。

状況が変わらなくても自分の思いは伝えてもいい

ハラスメントを受けたときに、指導医本人とこのことに関して話すべきかどうかは、相当悩みました。

「話したところで解決するだろうか。それとももっと嫌な思いをするだろうか」と、そんな想像が巡る中、なかなか話題を出す決意ができなかったのですが、ある日病院の一室でたまたま二人きりで話していた際、「何か他に質問ある？」と言われたタイミングがありました。心の中で「今だ」という決心が固まりました。

私は自分でも驚くほど落ち着いた言葉で「先生の私への対応の中で、私の知識不足や経験不足を補うべく指導してくださっているだけではなく、私に向けた個人的な嫌悪があるのではないかと思うことがありました。指導医である先生との関係というのは、私にとっては教育的であって、先生にとって苦痛でないものであってほしいと願っています。そのために私に何かできることがあればぜひとも教えてください」と伝えたのです。

結果から言うと、その会話をすることによって私たちの関係が改善することはなく、ハラスメントに関しては悪化してしまいました。だから、こういったことを指導医に向けて言ったことが良かったのか悪かったのかの答えは未だにわかりません。

しかし、そのときの実情は変わらなかった（あるいは悪化した）結果になってしまっても、異国の地で、いじめっ子に対して勇気を出して自分の意見を落ち着いて表明したということは、20年近く経った今も私は誇りに思っています。さらに逆境の中で自分を成長させるためにしたこの期間の努力は、誰にも奪うことのできない私の財産なのです。

自分が正しいと思う行動ができた経験は、その場の現状を変えることがなくても、長期的にはメンタルヘルス、そして自尊心を守る一つの要因になることもあると学ぶことができました。

内的評価を育む——アスリートから学ぶ再評価

前章でも触れたように、私はアスリートのメンタルヘルスに関わることが多いのですが、特にフィギュアスケートは、私自身が幼少期に競技をしていたこともあってアメリカや日本の選手とも交流があり、選手たちの動向にはことあるごとに注目しています。そうして、アスリートの言葉から多くのことを学ばせてもらっています。

彼らが体験するような苦難の中で、レジリエンスを育む再評価には不可欠な概念もたくさん登場するので、そのうちのいくつかをここで紹介します。

まずは、「外的評価」と「内的評価」という二つの評価軸に関して説明させてください。

外的評価というのは、試合の成績やメダルを取った実績や人気、スポンサーがどれだけついているかといった、外から向けられる評価のことです。ＳＮＳの投稿につく「いいね」の数も外的評価になります。

それに対して内的評価は、自分の中での頑張りや達成感、進歩しているとか成長していると感じること、生きがいを軸にした自分自身の評価のことです。

もちろん頑張れば頑張るほど成績も上がるということもあると思いますが、現実にはどうにもならないことも起こりえます。


フィギュアスケート選手（現在はプロスケーター）の羽生結弦《はにゅうゆづる》さんがあるとき受けたインタビューで話していたことがとても印象的でした。

彼は２０１５年シーズン競技では世界最高得点を更新しつづけましたが、そこからさらに努力して、何年間も技を磨いてきました。ジャンプも表現力も上達していることは明らかでしたが、試合でジャッジがつける得点につながらず、納得のいかない、思うようにいかないときがあったと言います。その状況を踏まえて、誰かがつける点数ではなく、自分自身が満足する演技を観客と共有するためにプロスケーターになる決心をした、と話していました。

フィギュアスケートという競技は最終的にはジャッジの判断に委ねられます。ルールに従い、公平に審査しているジャッジの方が多いにもかかわらず、時には政治的な働きかけや主観、意図が入ることもあり、すべてが個人の努力や技術で決まらないところがあります。

また、アスリートの場合、怪我一つで試合に出られなくなりランキングが落ちたりすることもあります。さらに失言一つでそれまでの人気が失われるどころかバッシングのターゲットになってしまう場合もあります。

外的評価とは、さまざまな要因が関わり、時には努力とは無関係にアップダウンするもの。ですから、外的評価にフォーカスしてしまうと心がとても不安定になりやすくなるのです。

一方で成績が出せなくても、それまでしてきた努力や達成感は消えてなくなるわけはなく、すべて自分の財産になっている。そこへ至る過程に対する評価は、外的評価が変動しても、変わりません。これが「内的評価」です。

アスリートなら結果を望んで当然です。結果を求めることと、結果を求めるための過程を大切にすることは相反する考えのように捉えられがちですが、実は両立するものなのです。

外的評価だけでは行き詰まってしまうこともあり、そんなときに裏切らないのが、この内的評価です。それゆえに努力に応じた結果が出ないことで悩んでいるアスリートや、他選手との比較に苦しむ選手、さらに外的評価が高い位置にいるアスリートにも「育てるべきは内的評価の方である」という話をすることが多いです。そしてこの話は、今本書を手に取り読んでくださっている皆さんにもぜひお伝えしたいことです。

内的評価に関して、フィギュアスケートのヴィンセント・ゾウ選手の感動的なエピソードを紹介しましょう。彼はアメリカ代表として北京オリンピックに出場しましたが、団体戦を終えた後に新型コロナウイルスの検査で陽性が判明し、その後の競技参加が叶わなくなってしまいました。そのとき彼がSNSで発信した動画では「これまで感染予防に最大限注意を払ってきた」と涙ぐみ、悔しさをにじませましたが、続けてこう話しました。

「試合に出られないことはとても残念だ。けれど、自分が小さい頃に思い描いていた『こういうスケーターになりたい』というスケーターには、自分はすでになっている」と。

予想外の悲劇の最中に複雑な感情を抱えながらの少し無理をした発言だったかもしれないのですが、まさにこの言葉に内的評価が表現されていると思うのです。

内的評価は自尊心を育てます。そして自尊心があればあるほど、「自分の考えを見直してみる」という再評価もしやすくなると私は考えています。

自信をなくしたとき、嫌な思いをしたときには、外的評価をいったん脇に置いておいて、内的評価という軸で自分の歩んできた人生やこれまでの経験を眺めてみてください。きっと違った景色が見えてくるはず。再評価のプロセスの一つとしてぜひ活用してみてください。

長洲未来選手に学ぶオーナーシップ

「オーナーシップ（Ownership）」とは直訳が「所有権」になりますが、心理学用語として、「自分の選択は自分でする。その結果にも自分で向き合う」と自分の判断や経験、意見を「所有」することを意味します。この「オーナーシップ」を持てるかどうかで、再評価の過程も変わってくるものだと教えてくれたのは、私の友人で、フィギュアスケーターの長洲《ながす》未来《みらい》さんです。

アメリカでは5月がメンタルヘルスの啓発月間です。その一環として、２０２１年にハーバード大学とマサチューセッツ総合病院に私が企画を出し、長洲未来さんとの対談の講演と動画配信が実現しました。

彼女は14歳という若さで全米チャンピオンになり、アメリカ人女性として初めてオリンピックでトリプルアクセルを成功させたスケーターです。

しかし、その道のりはいつも順調だったわけではありません。２度の五輪出場を叶えるも、

２０１４年の五輪メンバーには選ばれませんでした。多くのアスリートはここで諦めてしまうかもしれませんが、彼女は次のオリンピックを目指し、さらに４年間のトレーニングを積む道を選びました。

その結果、２０１８年のオリンピックの団体戦では見事トリプルアクセルを成功させ、アメリカチームの銅メダル獲得に貢献しました。この年のオリンピックで、トリプルアクセルを試みた女性選手は未来さんだけでした。当時24歳。フィギュアスケート界では「高齢」と呼ばれる年齢で、まさに偉業を成し遂げたのです。

彼女が世界的なフィギュアスケーターとして知られるようになった14歳というと、日本なら中学生の年齢であり、ようやく自分探しを始めたばかりの年頃です。これから人生経験をたくさん積んでいく年齢であるにもかかわらず、たった一人で氷上に立ち、大勢から評価される立場に置かれていました。

私との対談で未来さんは、「子ども時代は確かに簡単ではなかったけれど、新しい体験としてスケート自体を楽しんでいた。問題なのは、結果が出せないときで、調子の悪い時期が続くと、こんなにお金と時間を費やしてまですることなのかと考えてしまうことだった」と語りました。

トップクラスのコーチに師事し、競技を続けていくために金銭面をスケート連盟からの支援に頼っていたのです。それゆえ、ランクが下がっていくのは筆舌に尽くしがたい苦しさがあったそうです。

もちろん援助があるだけでも恵まれているのですが、次の年にも援助を受けつづけるためには結果が求められます。彼女は次第に強いプレッシャーを感じるようになっていきました。

人の前頭前野は20代後半まで発達すると言われており、10代半ばというとまだ発達段階の途中です。しかし、アスリートはしばしば子どものうちから「強いメンタル」を持つように期待されます。

10代の未来さんが、大会で優勝するようになると、多くのスポンサーの目に留まるようになりました。結果を気にかけてくれる人がいるのだと思うと、「どうしよう」という気持ちになり、うまく結果が出せなくなったそうです。

練習ではうまくいっていて、大きなミスをしなければ世界選手権のメダルは確実と言われていた場面でも、滑り出したらほとんどのジャンプで失敗。「あの頃は自分自身にも失望して、自分は悪い人間だと考えるようになりました」と彼女は振り返りました。当時の彼女はまだ文字どおり、子どもなのです。親やスポンサーが用意してくれた環境の中で誰かの期待に応えなければ、と焦る気持ちが強く、自分のために滑るのではない状況です。さらにコーチやスポンサーといった大人たちにとっては、若い選手の活躍度によって経済的な利益も変わるという複雑な状況です。

未来さんが17歳になると、コーチが拠点を移したことでスケートの練習のため片道2時間以上をかけてリンクに通う日々が始まったそうです。

それまで送り迎えをしてくれていたのは彼女のお母さんで、心理的、身体的な健康面からも実家から通ってほしいと願っていたからこそ、そうしていたのでした。しかし、移動に時間が取られ思うように練習ができないことで未来さんは不満を募らせていきます。

「なぜリンクの近くに引っ越せないのか。環境が整わないのに結果を出すことを求められることが苦しくて、両親につらくあたってしまっていたのです。次第に両親とは分かりえない状況になっていきました」と未来さんは語りました。

両親との関係がギクシャクする中で、彼女は18歳になり、あるときお母さんから「もう好きにすればいい」と突き放されたそうです。

しかし、それがきっかけとなり、自分自身に対して「競技を続けるのか否か」を問い直すことになりました。経済的に切り離され、送り迎えもなくなり、バスで2〜3時間かけてリンクに通う生活。でも「他人任せではなく、すべてにおいて自分で決めて行動するようになってからは心理的抵抗が少なくなりました。いい意味で真摯にスケートに向き合えるようになり、自尊心も向上したと思います」と語りました。

自分の選択と自分の力で自分の道を歩む。

未来さんが「オーナーシップ」を手に入れた瞬間でした。

その後、スケーターとして再び輝き始めた未来さんが、オリンピックで偉業を成し遂げたことは前述したとおりです。また、ご両親との関係も良い方向に向かったそうです。

「自分に関わる決断は責任を持って自分が行う」ということをオーナーシップと言い、個人が与えられた職務やミッションに対して主体性を持って取り組む姿勢やマインドのことを指します。

例えば、他人の存在や発言が自分の評判や成績などに影響してマイナスの結果になったとしたら割り切れない思いや悔しい気持ちが湧いてくることでしょう。また期待されていると感じているのに結果が出せないことは誰にとってもとてもつらいことです。

でも、自分がやると決め、自分のコントロール下でできることはすべてやった結果、起きた失敗や成功ならどうでしょうか。過程も含めて「自分のものだ」と思えたら、どんな結果でも潔く受け入れて、自分を信じて前に進んでいける。それがオーナーシップの本質なのです。


恋愛関係でも、仕事でも、他人に委ねるということは、この先何が起こるのか、どう進んでいくのかが見えずに大きなストレスがかかるものです。

一方、自分で決断するのは勇気がいることかもしれませんが「自分という船の舵」を自分でしっかりと握って進んでいくと、傷ついても、たとえ結果が伴わなくても、納得のいく航海だったと振り返ることができることもある。そして再び立ち上がり、進んでいくことができる。

課題やミッションを命じられたり、従わないことへの不安や恐怖が原因となって何かに取り組んだりするのではなく、自ら「所有」して決断することは、根本的なやりがいや意欲につながるのです。


私が前に紹介した例の中でも、ハラスメントを受けた指導医に私の意見を伝える選択をした際、その後どんな結果になったとしても自分の発言には意味があると捉えました。自分の決断も行動も、それに伴う結果も自分で「所有」したこと、これはまさしくオーナーシップだったのだと思います。また、相手がいての状況だったにもかかわらず、この状況で「私が」できることはなんだろうと考えたこと。それもやはりオーナーシップだったのです。

受け入れて前に進む力——ラジカルアクセプタンス

再評価の過程において、まずは状況や感情を認識し、「受け入れる」ことが大切であると綴ってきましたが、この過程にも実は名前がついています。「ラジカルアクセプタンス」というものです。

忘れもしない羽生結弦選手の北京オリンピック。2度の金メダルに輝いたのち臨んだショートプログラムでは冒頭の4回転サルコウが踏み切れずに1回転に。思わずあっと声を上げてしまう場面でした。そうなったのは、他の選手が練習時にトウジャンプをしたときにできた氷の溝にスケートの刃がはまってしまい、踏み切れなかったことが原因でした。

羽生選手はこのハプニングにも動じることなく、その後のプログラムを完璧に滑り切りました。3度目の金メダルに、そして国内外のファンからの期待がかかるオリンピックで、最後まで作品を完成させることに集中し、自分の美学を貫いた羽生選手の技術と精神力には尊敬の念を贈りたいです。羽生選手は以前から「自分の運命は自分で決める」というオーナーシップを持った姿を一貫してファンに見せてくれていたと思います。その生き様に勇気をもらったのは私だけではないでしょう。

どうして羽生選手はあんなにも強くしなやかな考え方ができるのでしょうか。ここで私は「ラジカルアクセプタンス」という言葉を思い浮かべます。これは心理学用語で、自分のコントロール下ではないことを良い／悪いの評価を下すことなく、「起きたこと」としてアクセプト（受容）することを意味します。

アクセプトすることは、諦めることでも、許容することでも、無理に忘れようとしたり、起きたことから湧いてくる感情を抑えつけたりすることでもありません。「起きたことは変えられない」という事実を認識し、受け入れて前に進む力というものです。

ベストコンディションで臨むべく、選手たちはオリンピックに向けて、私たちが計り知れないほどの努力をし、コンディションを整えて来ています。にもかかわらず自分のミスではなく、たまたまできてしまった溝にはまり、１回転ジャンプになってしまった。自分のコントロールが利かない状態に陥った場合、原因となる人や物事を探そうとしたり、事実を受け入れられず「ありえない」と否定したくなることはとても自然なことです。

しかし「過去を変えたい」「やり直したい」と望む気持ちが強ければ強いほど、精神的にはとても消耗し、強い抑うつや不安が伴います。

羽生選手が意識していたかどうかは定かではありませんが、私はあのわずかな時間で「ラジカルアクセプタンス」を行っていたと解釈しています。ありのままを受け入れ、前に進む力「ラジカルアクセプタンス」は、アスリートに限らず私たちにとっても有用な思考法の一つです。

例えば、渋滞にはまったときに、「あっちの道に行っていれば」と後悔したり、動かない周りの車にイライラしクラクションを鳴らしたりしたくなることもあるかもしれませんが、どんなにもがいても渋滞の中にいる事実は変わらないのです。その事実を受け入れると、「この時間を使って好きなラジオ番組を聞いてみよう」「一緒に車に乗っている人と会話を楽しもう」あるいは「目的のない時間を楽しもう」と、自分の考えをただ赴くままに漂わせる時間を過ごせるかもしれません。受け入れることで前に進めることもあるのです。

私が受けたハラスメントの例でも、自分のコントロール下ではない仕方がないことを「仕方がない」と受け入れたことで、不思議と「ここから先の運命は自分のものだ」というオーナーシップが働いたのでした。逆説的ですが、「仕方がないこともある」と認識することで、それ以降はむしろ自分のコントロールが利くと気づけたのです。

もちろんすべてがこのようにうまくいくわけではありません。しかし、人間であれば誰でも経験する苦難や不運に伴うストレスの最中にいても再評価は可能であること。その場では最悪に思えることでも明けない夜はないこと。それらを信じて、能動的に自分の心と向き合うために、この章で紹介したエンパシー、昇華、他愛、ユーモア、また自分のコントロール内外のことを認識すること、支えてくれる人に感謝すること、ストロングポイントを利用すること、そしてオーナーシップとラジカルアクセプタンスという概念が役立ってくれれば幸いです。

第4章 メンタルヘルスが崩れたときに

ストレス症状や心の病気のサインに気づくことの大切さ

これまで、再評価の成り立ちや取り入れ方、根幹となる考え方などについてお話ししてきました。多少の不安や心配事、怒りを感じることは自然なことで、それを完全になくすことはできません。

でも、再評価を取り入れることで、感情を生み出す扁桃体の神経細胞の発火を鎮め、ネガティブな感情を軽くすることは可能である、つらい状況や不運に見舞われたときでさえも再評価をすることはできるとお話ししてきました。

この章では、メンタルヘルスをよりよく保つために心がけておきたいことや心が疲れてしまったときに取り入れたいこと、心の病気に対する医学的な対処法などについて説明していきましょう。

再評価は、心の調子が崩れたときに使える手法でもありますが、逆に心の状態がよければよいほど成功率が上がるものでもあります。さまざまな状況で再評価できるようになるためにも、メンタルヘルスと向き合うことは必須で、心の不調があるときにはそのサインに気づき、対応することが大切です。

まず、「心の病気」とはどのようなものでしょうか。一般的には、心理的ストレスやその他さまざまな原因により、感情や行動に偏りが見られる状態のことを指す言葉であり、精神疾患の総称として用いられることもあります。病名としてはうつ病、依存症、社交不安障害、強迫性障害、摂食障害、躁うつ病、てんかん、統合失調症、認知症など。聞いたことのある病名もあるのではないかと思います。

心の病気にはいろいろな症状があります。例えば、気持ちが落ち込んで自信がなくなったり、必要以上に不安になったり、なんでも悲観的に考えるようになったり……。また、だるい、疲れが取れない、起き上がれない、動悸、頭痛や肩こり、めまいなど体に現れる症状もあります。

このような心の不調が続き、日常生活に支障が出ている場合には「調子が悪いんだ」と認識し、それに向き合ってみること、自分なりの変化を起こしてみること、あるいは専門家につながることが大切です。

メンタルヘルスを良好に保つ――食事・運動・睡眠を軽視しない

ところで、メンタルヘルスに与える影響というとどのようなことが頭に浮かぶでしょうか。人間関係など環境による影響ももちろんあるのですが、すべての人に関わることとして、食事・運動・睡眠は軽視してはいけない重要な要素です。

日常生活がメンタルヘルスに与える影響についてはたくさんの先行研究がすでにあり、エビデンスが積み上がっています。

それでは三つの習慣についてそれぞれ詳しく解説していきましょう。

①食事について

嫌なことがあって気分が最悪なときに美味しいものを食べたら明るい気持ちになれたという経験はありませんか。脳は生きるか死ぬかということにとても敏感ですから、生存に役立つことをすると、いい感情が湧いてくるのも当然といえば当然です。

私自身、大学時代に最悪の気持ちになった出来事の後にとても美味しい中華料理を食べたら、苦しい気持ちが少し晴れて、食事の威力に感銘を受けたのを覚えています。それ以降、落ち込んだときには好きなものを意識的に食べるようにしています。美味しい！　という感覚は幸福感を与えてくれ、脳の中の感情の中枢である扁桃体のスパークを実感することがよくあります。

イライラやモヤモヤを発散するために過度な飲酒や暴飲暴食を繰り返すのはお勧めしませんが、健康に気を遣いながら美味しいものを食べること、時々自分へのご褒美として美味しいケーキや特別なメニューの料理を食べることはメンタルヘルスにもいいことだと言えます。また、空腹時にいつもよりもイライラするというのは子どもも大人も同じです。お腹が空いてしまって感情が不安定だと気づいた際には何かを食べることです。

私は一日の終わりに子どもたちを迎えに行く前に、少し何かを食べることもあります。子どもたちが家に着いた途端に、夕飯や宿題、習い事、お風呂、寝かしつけとノンストップの課題に追われるので、その嵐をなるべくスムーズに乗り切るためです。

そもそも感情というのは脳で処理されています。心が安定するためには、「脳」が健康できちんと働いてくれることが欠かせません。例えば糖質は脳のエネルギー源ですし、たんぱく質はセロトニン、ドーパミン、ノルアドレナリンといったメンタルヘルスに関連のある神経伝達物質の材料になります。


また、脳が機能するためにはさまざまな栄養素が必要です。

例えば、極端なダイエットを繰り返して鉄分が不足してしまうと、うつ病と似た症状が現れることがあります。

鉄分が不足すると貧血になって脳に十分な酸素を運べなくなることや、ブドウ糖をエネルギーに変える力も弱まること、また幸福や集中力を保つために必要なドーパミンの生産も鉄分がなくてはできないことがその原因だと考えられます。

うつ病に関連する因子はいろいろありますが、このように食事や栄養も関連することが多くの研究からわかってきています。アメリカ心臓協会が行った調査からは、喫煙、身体活動度、ＢＭＩ、食生活、コレステロール、血圧、血糖といった心血管の健康度に関わる7つの因子のうち、コレステロールを除く6つの項目がうつ病と関連することが明らかにされています。栄養の管理は心臓病だけではなくメンタルヘルスのためにも大事な役割を果たすのです。

ところで、食事に関連して、私は日本のダイエットカルチャーに強い懸念を感じます。「痩せるべき」というメッセージをメディアや広告、会話の中から受け取らない日はないほどで、また太っていると判断された人に対する侮辱も日常的に目にします。

痩せていても太っていても、人間は誰でもリスペクトを持って接せられるべきですが、メディアに描かれる太ったキャラクターは決まって意地悪だったり、おっちょこちょいだったり、嫌われたり、笑われてしまう役柄を割り当てられていることが多く、体型によって他人から示される態度が変わることもあります。

また、どんなに痩せている人であっても、ダイエットカルチャーの中でさらに痩せなければと思ってしまい、どのくらいの体重であっても、その体重が幸せにつながっていない状況を見ると、痩せる意義のなさに気づかされます。

肥満にはもちろん健康リスクが伴うもので、メンタルヘルスに悪影響を及ぼすこともあります。しかし、実は健康的な体重の範囲は日本社会で提示されているほど狭くありません。一方で、痩せるためのプレッシャー、食べることを我慢しなければならないプレッシャー、これらの精神的な悪影響は計り知れません。体重の増減はある程度あってもいいので、数字の小さな上下変動を気にしすぎずに、長期的に見て、自分にとって健康だと感じる体重であればいい。産後の体重増加も自然なもので、そんな体の変化を恥じるのではなく、人間を生み出した体に感謝と祝福を感じる世の中であってほしい。美のあり方も多様であっていいのです。

食事に関しては痩せることを目的に計画せずに、幸福を与えてくれる一つの要素、脳や体にとって必要なものとして捉えていくことが、個人だけでなく社会としての目標だと思います。

②運動について

運動習慣は、メンタルヘルスにいい影響を与えることがわかっており、積極的に取り入れてほしいことの一つです。うつ病や抑うつ状態の予防や改善に運動が役立つことが明らかになり、精神疾患の治療の現場でも運動療法が注目されるようになってきました。

例えば、健康習慣と抑うつ状態の関係を調べた研究では、身体活動と喫煙の影響が最も大きく、白人女性において定期的に活発な身体活動を行わないグループでは、行っているグループに比べて、1年後に抑うつ状態の人が1・8倍多くなると報告されています。また、ハーバード大学の卒業生の追跡研究では、身体活動の多い人やスポーツをする人はうつ病の罹患が2～3割低くなると報告されています。さらに英国では国の治療ガイドラインにおいて、軽症うつ病に対する治療方法の一つとして運動を推奨しています。

では、なぜ運動がメンタルヘルスにいい影響を与えるのでしょうか。

理由の一つに、運動を習慣にすれば代謝や睡眠の質がよくなり、体調にも気分にもいい影響があることが考えられます。

生理学的には、運動は気分に関わる脳内の神経伝達物質のセロトニンやノルアドレナリンのレベルを調節すると考えられていますし、運動により産生される脳内エンドルフィンが気分を改善させることも知られています。

その他、心理面では運動を継続的に行うことにより達成感や自己効力感の向上などが得られることも影響しているでしょう。

「体力がついて疲れにくくなった」「昨日より長く歩けるようになった」「速く走れるようになった」などの成果が実感しやすいので、つらいことに立ち向かう気力を養ってくれる効果も期待できます。また、誰かと一緒にスポーツを楽しむことでつながりや居場所づくりにもなり、社会的な面でも心と体が持続的に満たされている状態を叶えてくれることもあります。

大人になってから歯を食いしばって何かを達成したり、友人の踏ん張りや上達に文字どおりの声援を送ったりすることはなかなかありませんが、運動を共にする仲だとこのような機会にも恵まれるでしょう。

運動は短期的な気分転換にもなります。悶々とした悩みがあるときに、ちょっとその場を離れ、ジムで運動をしたり、外でランニングをしてくることで悩みについて考えるのを一時的に中断し、リフレッシュできるかもしれません。

どのような運動を取り入れたらいいかについてはルールなどなく、自分が楽しいと感じるスポーツでいいです。ウォーキングやゆったりとしたジョギング、水泳、ヨガなどから始めてみるのもいいでしょう。どれも同じようにリフレッシュ効果や気分の改善・向上が観察されている運動です。

また、どんな運動をすればいいかを考えることが面倒くさいと感じる人はインストラクターがメニューを決めてくれるジムのクラスなどに参加するといいかもしれません。

私自身は、自分の空いた時間に自分のペースでできるランニングが好きだった時期もありますし、ランニングだけでなく全身運動がしたいと思った時期もあります。また、妊娠中はマタニティヨガのクラスに行くたびに腰や恥骨結合の痛みが楽になったのを覚えています。

　最近はインストラクターがメニューを決めてくれるブートキャンプのクラスに行って、同じ年代の女性たちと励まし合いながらトレーニングをしています。忙しい毎日で運動を優先するのは難しいのですが、運動をした後には必ず「やってよかった」と感じるのでメンタルヘルスへの効果も実感しています。


　前の項目で、日本の「痩せなければならない」とプレッシャーを感じるダイエットカルチャーを批判し、美の形は多様であっていいと申し上げました。日本人女性から「筋肉ついちゃうから運動をしない」という声を聞いたこともありますし、私自身は大学時代に無料クーポンをもらってエステに行ってみた際、運動好きな私の筋肉質な脚を見たエステティシャンが「筋肉を落とした方がきれいに見える」と言ったのを覚えています。しかし、運動も色んな種類があり、その結果どんな体型になっても自分が気持ちいい体型ならそれでいいと私は思うのです。

　心と体の健康のために運動することを、「筋肉がつくことで容姿が魅力的でないと思われるから」という理由でやめてしまうのはとても惜しいので、社会として多様な美を認めること、そして身体的な強さも魅力の一つとして認識されるようになってほしいと願っています。

また、「運動をしなきゃ」という焦りはストレスにもなるので、疲れていたら休むことも大切です。どうしても気が乗らないときには、外気に当たりながら散歩をする、あるいはストレッチをするだけでもいいのです。

メンタルヘルスのためにいいといっても、逆にプレッシャーを感じてしまっては本末転倒なので、運動に限らず無理のない程度にやってみるといいでしょう。

③睡眠について

睡眠については言わずもがなです。

時差ぼけや仕事、育児の影響でよく眠れなかった翌日はいつもよりも不機嫌で、心の余裕がなくなるというのは誰もが経験したことがあると思います。

現代人はとかく睡眠不足に陥りがちです。特に日本人女性は世界的に見ても睡眠時間が最も足りていないというＯＥＣＤ（経済協力開発機構）の統計データなどもあります。

睡眠時間も問題ですが、寝つきが悪い（入眠困難）、途中で目が覚める（中途覚醒）、朝早く目が覚めてしまってその後寝つけない（早朝覚醒）といった不眠症の症状でお悩みの方も多いです。これらの不眠症状が週3回以上見られ、倦怠感や眠気などの日中の機能障害が持続するものを不眠症といいますが、それは一時的なことである場合もあれば、メンタルヘルスの不調のサインであることもありますし、ナルコレプシーや睡眠時無呼吸症候群といった睡眠障害が関わっていることもあります。また、不眠がある人はそうでない人と比べてうつ病の発症リスクが2倍になるとも言われています。事実、うつ病の診断時に不眠は初期症状として重要なサインとなりえます。

不眠や睡眠不足は、心と体にさまざまな影響を与えます。一般的には6時間未満の睡眠不足が続くと、日中に眠気が生じて、疲れやすさ、集中力の低下やイライラ感などが起きてくると言われています。また、不眠傾向の方や睡眠が極端に短かったり長すぎたりする人では、糖尿病、高血圧、脂質異常症といった生活習慣病が起こりやすいこともわかっています。睡眠が足りていないと、食欲を増進させるホルモンの分泌が亢進することから食欲が増進してしまうこともあります。

ストレスは眠りを妨げますし、眠れなくなると心身に影響が及びます。そんなネガティブなサイクルが出来上がってしまうとなると、やはり眠れない状況は放置してはいけません。

　誰もができる対策として、朝起きたら日光に当たることはお勧めしたい方法の一つです。そうすることで体内時計のスイッチが入り、日中は活動的に、夜は自然に眠くなるという体内リズムができやすくなります。

　また眠れないときには、どうしたら眠りやすくなるかを自分なりに分析することもお勧めします。私の場合は、体が冷えていると全然眠れないので、寒いと感じるときには夜中でも温かいお風呂に入るようにしています。加えて、不安なことがあると、夜中に頭の中で考えが堂々巡りしてしまい、焦燥感に駆られて頭が落ち着かないと感じることもあるので、そんなときには動画の中の語りをイヤホンで聞きながら寝ることもあります。まったく周りからの刺激がないと、色んな方向に考えが跳んでいってしまうけれど、動画で誰かの話を聞いたりすると、その話題に集中し、考えの速度と方向性が落ち着くのです。そのまま寝てしまい、朝起きるとイヤホンがベッドの横に落ちているというのはよくあります。また、焦燥感に駆られたときには、翌日に取り組むべきタスクのリストを作ることもあります。あれもしなきゃ、これもしなきゃ、と考えが空回りしてしまうときに、優先順位をつけて「これとこれを明日やる」という計画ができるだけで少し心は落ち着くものなのです。

好きな音楽や落ち着いた光を放つライト、ラベンダーの香りなどが役に立つという方もいらっしゃいますね。自分にとって何があると睡眠に入りにくく、何があると寝つきが楽になるかを考えてみるといいでしょう。

これは、私の個人的な体験です。中高大学時代は寝つけない夜が続きました。医学生だった頃、医師国家試験を控えていた私は、プレッシャーから来る不安で不眠に苦しんだ時期がありました。当時は文字どおりふわふわしたものを抱きかかえたいという衝動が出て、大きなぬいぐるみを買った記憶があります。

ぬいぐるみを抱いて寝ると、よく眠れるというのはアニマルセラピーに近い効果と言えるでしょう。アニマルセラピーとは、動物との交流によって病院での治療をサポートしたり、高齢者の生活の質の向上を図ったり、子どもの教育に役立てたりする方法のことをいいます。セラピー犬と見つめ合ったり、触れ合ったりすると、オキシトシンという愛情や絆を司り、心を癒して幸せな気分にするホルモンが分泌されると言われています。ストレス解消や精神安定の効果が期待できることから、アニマルセラピーはうつ病改善にも役立つとされています。

さて、話を戻しますと、その後の私の生活ですが、研修医時代は当直や夜勤も頻繁にあったので健康な睡眠サイクルを築くのもなかなかできない状況でした。それが今の夫と交際を始めた頃から、睡眠の悩みが嘘のようになくなったのです。心から信頼できるパートナーができた安心感が私の睡眠環境にいい影響を与えたのかなと考えていますが、実際はどうだったのでしょう。

睡眠の安定度は、環境が整うことでよくなることもあれば、ライフステージやそのとき抱えているストレスによっても変わってくるものです。

特に女性はライフステージによって眠れない時期が出現してしまうことがあります。妊娠中には日中眠たくてボーッとする、出産後は昼夜続く授乳や育児に追われてまとめて眠れない、更年期には眠りが浅くなり約半数の女性が不眠症になるなど、人生の節目節目で睡眠の悩みが出やすいのです。

どうしても睡眠時間が確保できないときには、日中に15分ほどでもいいので、昼寝、あるいは横になる時間を取り入れるなどの環境調整を心がけ、睡眠の質を少しでもよくしていきたいですね。また、日中の眠気に苦しむ私の同僚には活動しているときと休むときのコントラストを作るために、仕事中はスタンディングデスク（立った状態で使う高さのある机）を使用しているという人もいます。

精神疾患と睡眠の関係についてもお話ししておきましょう。

うつ病にもいろいろタイプがあり、中には眠りすぎてしまう人もいて、その場合には、朝に起きる習慣をつけていくことが大切になります。

一方、朝はダメだけど、夜だと気分が落ち着いて穏やかに過ごせるという人もいます。

これは睡眠についてだけではないですが、多くの人を対象としたエビデンスにおいて良いとされる習慣が、一人ひとりにフィットするかというと、そうとは言い切れない面があるということです。

エビデンスはあくまで「総体的にふさわしい傾向がある」ということであり、その方法が合うかどうかはその人の状況よってても変わってくるでしょう。エビデンスに固執しすぎて「寝なきゃ、寝なきゃ」と思い詰めることがストレスになったり、できない自分を責めてしまったりするのではなく、自分に合った方法はなんだろうと考えて、取り入れては修正しと、試行錯誤してみてください。

たとえ「良い」と言われている健康法であっても、それに従う中で自分を苦しめていることもあります。今まさにそんな状況かもしれないと思ったら、その状況を「再評価」してみるのも一案です。運動にしても、睡眠にしても、気持ちいいと感じるのは人それぞれ。「ま、いっか」と気楽に考えるくらいの方がよく眠れたり、運動も頑張れたりするなら、それでよしとしましょう。

ただし、食欲不振や不眠が何日も続いていて、生活に支障が出ている場合には、心の病気の可能性があります。放っておかずにかかりつけ医などに相談することを躊躇しないでください。

メンタルヘルスと「孤独」の関係について

「孤独」と聞いて、皆さんはどんなイメージを持ちますか。どちらかというとマイナスイメージが強いのではないでしょうか。

確かに社会的なつながりがあることは私たちの心身の健康にとって重要であることは明らかで、孤独は有害という見方があります。2週間以上の長期的な社会的孤立は、高血圧、うつ病、心疾患、脳卒中、アルツハイマー病などのリスクを高くすると言われたりもします。また、孤独感が強い人ほど体内での炎症反応が起こるリスクが高いといった研究報告もあります。

コロナパンデミック下での隔離や行動制限が人々に大きな不安やストレスを与えたことは記憶に新しいと思います。この期間に気分障害が増えたという報告もあり、社会的な交流が減ってしまうと精神疾患の発症にも影響を与えることが推測されます。一方で社交不安障害や学校恐怖症のある人たちにとっては、登校や出社が必要なくなることで不安が減るという恩恵ももたらしました。

人間は社会的動物ですから、社会や仲間との交流がない状態は孤独で寂しいものです。人によっては一人でいることが「恥ずかしい」と感じる人もいます。

しかし、人間関係の中で生まれるストレスにもさまざまなものがあるわけで、孤独が必ずしも心に悪い影響を与えるものではないと私は考えています。

孤独なときにつらい、寂しいと感じるのは自然なことですが、それを恥ずかしいと感じてしまうとしたら、社会的な価値観の刷り込みによるものかもしれません。協調性のあることがよしとされ、学校でも家庭でも「人と仲良くするように」と教わりながら育ってきた人が多いと思います。そのため一人でいる時間が長かったり、人との交流が苦手と感じたりしている場合、「自分はダメな人間なんだ」とか「欠陥があるのでは？」と、自分を責めてしまう人が少なくないように思います。でも、まったくそんなことはありません。どんなに楽しい付き合いでも、他人に気を遣ったり、礼儀正しく振る舞ったりすることに疲れてしまうこともある。一人になって「人に無理に合わせなくてもいい時間を持つ」ことは、自分らしく生きるために必要なことだと私は思っています。だから私は一人でお気に入りのレストランで食べることもありますし、買い物などは一人でしたいと思うタイプです。

一方で心配事や悩みを抱えているときには、人と会って話をすることがメンタルヘルスにいい影響を与えます。誰かと話すことは気分転換にもなりますし、自分が過敏に反応している事柄に対し「実は周囲の誰も関心を払っていない、大したことじゃなかった」と知るきっかけになることもあります。話しているうちに探し求めていた答えがふと見つかったり、自分以外の誰かと価値観を共有できてちょっと安心できたり……。他者と話す時間を持つことでつらかった重荷が取り除かれて心が軽くなったという経験がある人も多いでしょう。

ところで私が最も孤独を感じたのは息子たちが小さかった頃の育児期間でした。子どもと離れる選択肢があまりなく、ほとんどの時間が子どもに合わせて生活するものとならざるをえず、自分が行きたいタイミングでトイレにさえ行けなかったこともあります。

家族が増えたタイミングで、子どもとずっと一緒にいるのに孤独を感じるのは不思議な感覚でしたが、このように感じる育休中の親の声は少なくありません。

少し授乳の間隔が広がり、子どもを連れて家から出られるようになったときに、自分が好きなものを食べたり、会いたい人と会ったりする時間が少しでもできたことで、メンタルヘルスにいい影響があったのは明らかでした。育児は誰かがやらなければならないものですが、親として人生のすべてを子どものために捧げなくてもいいと思わされました。

パートナーと相談しながら自分の時間を確保することで、心が楽になることもありますし、私の場合は12週間の産育休を終えて、子どもを保育園に預けて仕事に戻った途端に、誰かの人生に貢献することが可能な仕事ができることに安堵を覚えました。そして、その分保育園に迎えに行った後に息子と過ごす夕方からの時間や週末の時間がスペシャルなものにもなりました。

育児において何が良いか悪いかは親と子次第なので、さまざまな選択肢が尊重されるように育児中の家族を囲む社会がお母さんやお父さんに優しくなってほしいと思います。

ハーバード大学が行った最もよく知られている研究の一つに、約80年間にわたって実施された一般男性の追跡調査があります。その研究結果で最も注目されたのが、強い社会的つながりを持っている人ほど幸せであることが確認されたというものでした。家族のために働いてきた男性が、退職した途端、メンタルの調子を崩すこともあります。世界的に労働時間が長い日本人にとって、仕事のタスクや職場の仲間との日々の会話がなくなることで、退職してからの人生は孤独を感じやすいかもしれません。また、仲間や家族がいればいいというわけではなく、結婚していたとしてもそうでなくても、孤独を感じることは誰にでもあるものです。

心理学や社会福祉、公衆衛生の分野に「ヘルプシーキング」（援助要請）という言葉があります。これは、周りの人に助けを求めるスキルのこと。特に男性は「人に頼ってはいけない」「男たるもの弱さを見せてはいけない」という社会からのプレッシャーを背負わされることが多いので、誰かに頼るべきときに頼ることが苦手で「助けて」と言えない方も少なからずいらっしゃいます。真面目な方ほど周囲に迷惑をかけてはならないと悩みを一人で抱えがちです。

しかし、つらさや寂しさを一人で抱える必要はありません。趣味を通して誰かと知り合うこと、仕事の仲間と仕事以外のことを楽しむこと、家族に愛を伝えること、また、時には寂しいと感じて涙することは、男性でも女性でも大切にしていいことなのです。

話しかけることに不安を感じる場合は、「この人は優しそうだ」と思える人に、その人が喜びそうな褒め言葉を言ってみるといいかもしれません。

小学校2年生の私の息子の学校の課題で、「割り当てられた同級生のいいところを具体的に三つ探して、それを手紙に書く」というものがありました。息子はあまり話したことがない女の子が当たり、何を書いたらいいかと1週間ジーッと彼女を観察したそうです。すると息子が読んでいたドラゴンのファンタジー小説を目にして「私もその本好きなんだ。貸してくれる？」と聞いてきたそうです。同じ本が好き、それを伝えてくれた彼女の言葉が嬉しかったようで、そのエピソードを彼女への手紙に綴りました。

こんなふうに、相手を喜ばせる一言をかけてみたり、勇気を出して誰かとのつながりを求めたりしてみると、安心して助け合える関係が作れることもあります。人間は大昔から集団で生きてきたので、誰かに助けてもらったら「申し訳ない」気持ちになるのではなく、「ありがとう」と感謝して、自分も誰かを助けられる人間でありたい。私はそう思います。

もう一度強調しておきたいのですが、孤独な状況というのは、「あなたに価値がない」ということではありません。一人の時間があるということは、自己研鑽や趣味に使う時間があったり、身も心も自由であるということ。「自分は自分の人生を生きている」と感じられるのであれば、一人で過ごす時間を大切にしてもいいのです。このように、自分に向き合い、一人で過ごす「孤独」は、誰にとっても必要な時間です。

また逆に、孤独を寂しいと感じることも、自然で悪いことではありません。そんなときにはアプローチしやすいところから人との関わりを求めてもいいのです。

自分の中の「トキシック・マスキュリニティ」に向き合う

「孤独」に関連して、ここで「トキシック・マスキュリニティ(Toxic Masculinity)」について触れておきたいと思います。

この言葉はアメリカで近年よく使われるようになったのですが、日本語では「有害な男らしさ」と訳します。

「有害な男らしさ」は、伝統的に男性は「強くなくてはいけない」「リーダーでなければならない」「仕事では昇進しなければならない」とされる行動規範のうち、男性性のネガティブな面に焦点を当てています。「強くなければ」と思う反動として、不安や悲しみという「弱い」と分類される感情を抑圧したり、助けを求めることを妨げたりしてしまうこと、男性優位でなければならないという価値観から女性への性差別が助長されたり、タフさを求められることで他者への暴力につながりやすかったりするといった有害さが指摘されています。

賞賛がほしい、力がほしいという気持ちが強い場合、ストレスがかかったときに、他者との対話を通して理解や共感をすることで解決しようとせずに、攻撃的になり、言葉の、あるいは身体的な暴力という手段に出たり、他者に過剰なリスペクトを求めたりするという方法を無意識に選んでいることがあるのです。

または、自分の弱みをシェアできない、弱みに向き合わずに無理なユーモアや怒りに包み込んで隠そうとするといった振る舞いも典型的です。こうした行動は孤独を助長し、抱えている問題の本質からもそれてしまうリスクがあります。

社会の中にある無意識の偏見から生まれる「有害な男らしさ」は、周囲の人たちにとって脅威でもありますし、それ以上に男性自身をも苦しませることになります。それへの対処として、その人らしい生き方を妨げる社会通念や行動規範、ジェンダーによる呪縛は日常生活のいたるところに潜んでいるということを少し意識するだけでも、物事の捉え方を変えていくきっかけになるのではないでしょうか。

もし、自分の弱みをなかなか人に出せないことを悩まれている方がいらしたら、それをすべて自分のせいだと思わないでほしいのです。私たちは社会の中で生きていく上で、実はさまざまな期待とプレッシャーを受け取って生きています。

女性だから、男性だから、というジェンダーステレオタイプに基づくプレッシャーもありますし、さらに「心の苦痛を抱えるのは恥ずかしいことだ」というメンタルヘルスに関わる社会の偏見もあります。それが個人の認知に影響しないわけはないのです。

最近では、日本ラグビーフットボール選手会と専門家が共同でメンタルヘルスの啓発プロジェクトを行うなど変化も起きているようです。これは「よわいはつよいプロジェクト」というのですが、公式サイトではトップアスリートの皆さんのつらかった思い出や、メンタルヘルスへの思いが率直に綴られています。

「強い人間を演じることで弱さを必死に隠していた」
「エースなのに怖かった」

「オリンピックに行けなかったら、私にはなんの価値もないと思い込んでいた」

「大切なのは自分の『弱さ』を隠さず理解すること。周りに伝えていればお互いに助け合える仲間ができて、さらに力を発揮できる」

「人と繋がりを感じる時っていうのは弱さを共有できた時なんじゃないかな」


このプロジェクトは、体と同じように心の健康についても前向きに考えて積極的にケアや治療をしていこうと呼びかけています。子どもでも大人でも、「強くなくてはならない」とプレッシャーがかかる男性や、屈強なアスリートでも、弱音を吐けないことに悩み、心が苦しくなることはある。それを知ってもらうことで、精神疾患に対する偏見や誤解をなくしていくことを目指しているそうです。

「自分の弱さを見せられる人が、本当に強い人」といったメッセージに勇気づけられる方は多いのではないでしょうか。ケアや治療につながる心理的抵抗を低くしてくれるという意味でもとても素敵なプロジェクトだと思います。

恐れや不安の裏返し？——怒りとメンタルヘルスの関係

暴力やパワハラ、あおり運転、ＳＮＳでの炎上など、「怒り」を発端に起こるトラブルは少なくありません。怒りをコントロールできないと、表現の仕方によってはその場のシチュエーションがさらに悪化することがあります。

先にも述べましたが、怒りを感じること自体は悪いことではありませんし、どんな感情も抱いていい感情です。怒りが必ずしもマイナスな影響を及ぼすとも限りません。何か不条理だと感じることがあって「許せない」「状況を変えたい」と思った。だから、相手にその思いを伝えた、あるいは社会に働きかけるための活動を立ち上げたといった場合には、怒りがいいことをする原動力になったと言えます。

とはいえ、怒るにもかなりのエネルギーを使います。へとへとになってしまう前に「怒りの背景に何か物語が隠れていないだろうか？」と、視点を変えて向き合ってみることが大切です。

これまでの体験の中で、他人に傷つけられたり、怖い思いをしたりしたという経験はないか考えてみましょう。「また同じように傷つけられるんじゃないか」といった、再び傷がえぐられるような恐怖。あるいは誰かに傷つけられたときに自分を守れなかったという後悔の念。そうした感情が、自分に対してフェアではないことが起きたときに、怒りとなって湧いて出てくることがあります。怒りによる行動の多くは恐怖や不安といった感情の裏返しでもあることが少なくありません。また、過去の経験から生じる不安が思わぬタイミングで怒りとして出てきてしまって、必要のない場面で誰かを傷つけてしまうこともあります。

ですから、自分の心を守るにはいったん立ち止まって、背景にある正直な思いや自分がしてきた経験に向き合うことが大切です。

怒り心頭のときにはすぐには冷静になれないかもしれませんが、少し時間が経ってからでもいいので「再評価」を取り入れてみましょう。

また、嫌な思いをした理由を信頼できる人であれば、相手に直接言葉で伝えてもいいと私は思います。何も言わないでいると相手に見えているのは「怒っているあなたの姿」だけで、本当に伝えたいメッセージが伝わっていない可能性があります。

本当は「傷ついて嫌な思いをしたんだ」「怖くてもう二度と同じ思いはしたくないんだ」ということを言葉で相手に伝えることで、もしかしたら傷ついてしまった相手の受け取り方も変わるかもしれません。相手に伝えることができなくても、自分自身が「今抱いている怒りの感情は、あの経験のことを思い出したからなんだ」と感情や考えを整理できるだけで、あなたの怒りの表現方法がきっと変わっていくはずです。

SNSとメンタルヘルス――フィルターバブルの危険

ソーシャルメディア（SNS）は私たちに今まで以上に情報を届けてくれ、人々とのつながりを持たせてくれるツールです。

しかし、それと同時に、私たちの精神面を悩ます現代の病因の一つでもあります。個人が特定されにくいこともあり、面と向かって言えないようなことも大胆に発言できるという特徴がありますし、逆に一対多の活字のコミュニケーションの中でお互いの意見のニュアンスが理解されずに会話が思わぬ方向に進んでしまうこともあります。

また、人のさまざまな面を見ることができる対面での交流と違って、投稿主が「見せたいもの」しか見えないという点で、要らぬ劣等感や嫉妬を生む場でもあります。

さらに、SNSでは、同じような好みを持った人同士がフォローし合うことが多く、加えて、SNSプラットフォームのアルゴリズムとして自分の見たい情報が優先表示され、自分の価値観や好みに合わない情報からは切り離される仕組みが組み込まれています。その結果、あたかも孤立した泡（バブル）の中に入り込んでしまうというような特徴があり、これを「フィルターバブル現象」といいます。このことを意識していないと、まるで自分のＳＮＳに流れてくる話題や意見を、自分だけでなく全世界の人も目にしているように思えてしまうこともあり、攻撃を受けたときには周囲のすべての人からバッシングされているように感じる場合もあります。

　また、集団で話し合っているときにある人を悪く言い始めたら会話が異様に盛り上がったということはありませんか？　集団でいると極端な結論になりやすいことを心理学用語で「集団極性化」といいますが、これはネットでもしばしば生じている現象です。誰かが一言書いたコメントで、その人がすごく素晴らしい人かのように何万もの「いいね」で賞賛されたり、ひとたび批判のターゲットにされると瞬く間に大勢から攻撃されるようになり、そのターゲットになったときにはどうにもならないところまで追い込まれてしまったりする。こうしたことが意図せず起きてしまうのがネットコミュニケーションの世界と言えます。

　数百万件を超えるウェブサイトやティーン向けのオンラインチャットプラットフォームを分析したあるリサーチによると、コロナパンデミック下では、ネット上での差別表現を含む有害なコミュニケーションが劇的に増えたことがわかっています。オンラインチャットでの主に10代の若者・子ども同士の通信でのヘイトがパンデミック前と比べて70％も増え、オンラインゲームなどでの有害なコミュニケーションが40％も増えたとも報告されています。また、アジア人に向けられたネット上でのヘイトスピーチは倍増したことも報告から明らかになっています。

コロナ禍が落ち着いてきた今日この頃でも、日本では経済的な不安や雇用の問題など、まだまだ不安要素はあって人々の心が休まらない状況が続いていると思います。ネガティブなコメントを受け取った側のメンタルヘルスも心配ですし、誹謗中傷のコメントで溢れているSNSを見てしまう人たちの心にも悪影響を与える可能性があると心配しています。

そもそも他人に対してネガティブで攻撃的なコメントをすることは、その人のメンタルヘルスの不調の表れでもありうるのです。空腹だとイライラしてくるように、身体的に、あるいは精神的に満たされていないと人はちょっとしたことで攻撃的になりキレやすくなってしまいます。簡単に発散できるネット環境に自分の攻撃性を向けてしまう。そんな行動の裏には、「ネガティブな気持ちを晴らしたい」という気持ちがあるのだと思います。

しかし、実際には他者を攻撃したりいじめたりすることで、気持ちが晴れる効果はそれほどないことが多いです。むしろ自分の幸福度は上がらず、逆にイライラしたり、モヤモヤとした気持ちが増したりすることもあります。ですから、不安や怒りなどの強い感情が芽生えたときにはすぐに反応せずに一息ついてみること。瞬間的に燃え上がっている感情に気づいて「今、このことをSNSで書くことが本当に自分のためになるだろうか。自分の発言に責任が持てるのだろうか」と、問いかけてみることが大切です。

鬱屈したストレスを解消するには、身近な誰かに話して思いを聞いてもらうのもいい対処法です。強い感情は少し待つと完全にはなくならなくともある程度収まってくるものです。SNSを見るのをやめて、好きなことをしたり、気分転換をしたりすることも有効です。

いじめられる側に立ったときにも、一度立ち止まってみましょう。自分は攻撃されるべきことをしただろうか。攻撃の言葉は真摯に書かれたものだろうか。反撃することで今の状況が変わるだろうか。今反撃することで自分の抱く感情は変わるだろうか。今後違う形で反撃できる機会はあるだろうか。私も過去に「今反撃する意味はない」と感じた炎上を経験したことがありましたが、そのときはSNSを1週間ほど閉じて、いつもどおりに仕事をしたり、家族と過ごしたりして自分の心を労わる時間を持ちました。ＳＮＳ内で起きていることがとても大きなことに思えてしまっても、一回閉じてみると、実世界で隣にいる人やすれ違う人は、そんなＳＮＳの世界で起きていることをまったく知らないどころか興味もないということが多いという事実を実感することができ、ほっとする体験でした。自分の心を守るためにも、意識して切り替えを行うことが今の時代にはとても大切だと思っています。

困ったらいつでも気軽に専門家に相談を

不安や怒り、悲しみといったネガティブな感情に向き合い、次のステップに進むために「再評価」を取り入れることはとても有効ですが、これができれば万事ＯＫというわけではありません。

心の病気は誰にでも起こるもの。メンタルヘルスの不調を感じる場合には躊躇せずに専門家の助けを借りましょう。病気にかかったら休養や治療が必要なように、心が弱っているときにもまず心を健康な状態に回復させることが大切です。

例えば、不安感情が強すぎて「冷静でいられない」「頭がうまく回らない」「他人の話が全然頭に入ってこない」「何日も仕事に行けない」といった状況は医療機関を受診する十分な理由になります。

また、繰り返しになりますが、気分が沈む、何をするにも元気が出ない、イライラする、気持ちが落ち着かないといった心の状態や、息苦しい、めまいがする、食欲がない、よく眠れない、頭痛や腹痛が続いているなど体調の変化がある場合にも、メンタルヘルスの不調を疑ってみるということも大切です。

病院に行くことを恥じないで

メンタルヘルスに課題を感じているにもかかわらず、医療機関への受診を躊躇したことがあるという方は意外と多いのではないでしょうか。日本では精神科のお世話になることやカウンセリングや投薬治療に対して強い偏見があったり、抵抗感を持っていたりする方が少なくないと言われます。

しかし、精神疾患は多くの方が想像する以上に一般的なものなのです。

日本において精神疾患のある患者さんの数は増加傾向にあり、2017年の調査では約

４１９万人と報告されています。これは日本人のおよそ30人に１人という割合。また２０１６年発行の世界精神保健調査（ＷＭＨＳ：World Mental Health Survey）によれば、日本における精神疾患の生涯有病率は22・9％。つまり、精神疾患は生涯を通じて５人に１人がかかる身近なものになっています。診断名では、多いものからうつ病、統合失調症、不安障害、認知症という順になり、高齢化が進む日本の特徴としてはうつ病や認知症の著しい増加が見られます。一方、アメリカでは成人の５人に１人が精神疾患を経験しており、診断名では、多いものから不安障害、うつ病、躁うつ病、統合失調症という順。また、過去12ヵ月にメンタルヘルスの何かしらの治療を受けた人は20・3％。加えて国民の16・5％が、何らかの精神疾患の治療で投薬を受けて薬を飲んでいます。

精神に関わる医療者は精神科医だけでなく、サイコロジスト（心理士）、ソーシャルワーカー、学校のカウンセラーなどさまざまな専門職があります。

精神科医は医師として生物学的な診断や治療、特にアメリカでは薬物療法をメインに担当することが多く、それと同時にさまざまな会話の中で患者さんやご家族の心理的なサポートをする職です。サイコロジストは心理学を専門にした職で、心理療法や心理テストを行い、精神疾患の治療に重要な役割を果たします。

アメリカでは仕事が大変だから誰かに相談したいというケースもあれば、家庭の中のいざこざや恋愛関係に苦しんでいるからセラピストに話したいというケースも多いです。心理相談のハードルが低いのはアメリカの特徴かもしれません。

私が研修医を始めるときにも、研修医のオリエンテーションの中で「研修医生活はつらい経験やストレスが多い時期で、そんなときにはセラピーを受けることを勧める。また、セラピーを受ける中で誰かをケアすることについて学ぶこともあるし、自分について学ぶこともあり、それはすべて医師として働く上でいい影響を及ぼす経験になる」と近隣のセラピストの名前と連絡先のリストが渡されました。実際、私も研修医生活中は週2回のセラピーを受けたのですが、セラピーでの会話のことで乗り越えられた苦難もあったと感じますし、セラピーで気持ちや考えを紐解いたおかげで決心できた実生活での判断もありました。

周りでセラピーを受けたことがない人がほとんどいない状況だったので、恥ずかしいという気持ちもなく、「今からセラピー行ってくるね」と同僚が職場を出ていくのも日常的な光景でしたし、「私の精神科医がこう言っていたんだけど、どう思う?」といった会話もよくありました。

また、私が診察以外の場所で患者さんとばったり会った場合、私からは医師-患者関係にあることを言うことはありませんが、患者さんの方から「この人、私の精神科医なのよ！」と友人に紹介されることもあります。

日本でも精神科治療への偏見が少なくなってくれば、つらい思いをしている人の肩の荷が軽くなるのではないかと思います。

精神科で行う治療について

精神科で行う治療について基本的な情報をまとめておきましょう。

精神疾患など心の病気をみるクリニックや病院ではさまざまな治療法がありますが、最もよく使われている方法は、大きく分けて薬によって治療を促す薬物療法と、心理的側面からアプローチする心理療法があります。また、同じような課題を抱えた患者さんたちで構成されたグループで話し合いをする集団療法や家族を交えて話す家族療法、複数組み合わせた治療法を提供するデイケアを行う医療機関もあります。心理療法には第2章で詳しく述べた認知行動療法も含まれます。

心の病気の薬には昔から、誤解や偏見が多くありますが、以下のような噂はすべて正しくありません。

・心の病気の薬は一度使うとやめられなくなる
・服用すると人格が変わってしまう
・精神科の薬は中毒性がある
・薬を飲んで心を楽にするなんてチートだ

薬を飲まずにセラピーなど何かの心理療法で対処できるなら、もちろんそれでいいです。けれど、それでは対処できないケースも多くあり、その場合には薬を使う治療を取り入れることで心身が楽になり、それだけで「治る」という方もいます。あるいは、薬の助けで少し気分が上がり、それまでは心から取り組めなかったセラピーに取り組めるようになる、環境を整えるエネルギーが出るという場合もあります。中には長期で飲みつづけることになる方もいらっしゃいますが、「半年だけ」とか「1年間だけ」服用するという人もたくさんいます。どんな心の病気でも薬を使うことで症状が改善して安定してきたら、薬の量を減らすこともありますし、必要なくなることも多いです。しかし、表面的には症状が治《おさ》まったように思えても病気そのものが治っていない場合、また継続的な症状がある場合には投薬が続けられることもあります。私が患者さんによくお話しするのは、「今必要な薬を使っておいて、将来的なコミットメントは考えなくていいですよ」ということです。

また一般人口におけるエビデンスは重要ではあるけれど、個人ごとに薬に対する反応は違うので、「エビデンスをベースに考えて、あくまであなた個人に合うことをやりましょう」と伝えます。遠い将来はどのような状況かは誰にもわからないので、今、つらい気持ちから回復することを目標にするということが現実的だと思います。

また、薬を飲むことですぐによくなることもあれば調整が必要なこともあります。時に副作用で気分が悪化してしまうこともあり、その場合は投薬を中止します。もし投薬によって「自分らしくない」と感じる考え方や行動が出てきた場合にはそれに耐える必要はありません。また、一つの薬でなく、複数の薬が働きちょうどいいバランスを作る場合もあります。

また、精神科で使われる薬には中毒性があるものもありますが、抗うつ薬や抗精神病薬などの大半の薬は中毒性を持ちません。中毒性のある薬は必要なときに必要なだけ使えるよう慎重に処方されます。

精神的な苦痛を生物学的な介入で和らげることは何もずるいことではないということも強調しておきたい点です。例えば、抗うつ薬の役割は脳内環境を調整することで沈んだ気分や意欲を回復させることです。うまくバランスが取れていない脳内の環境において、脳内の神経伝達系に適切に働きかけるために使われる道具と考えましょう。

精神疾患の薬物療法に大切なリスクとベネフィットの視点

たくさんある治療薬をどのように使い分けるべきかは専門家にとっても簡単ではありません。一回でちょうどいいバランスを目指すのは難しく、一つ試してみて、その反応を見て量を変えたり、種類を変えたり、違うものを足したりと少しずつ試行錯誤を繰り返すことが多いです。

せっかく試したものが効かなかった場合、がっかりしてしまうものですが「きっとよくなる」と希望を失わないよう、患者さんと並走することも精神科医の役目だと考えています。

薬を試すかどうかの判断もまた難しいものです。治療をするリスクとしないリスクを考えてみると、「治療しないリスク」は今の状態がずっと続くということかもしれません。「治療をするリスク」に関しては、残念ながら副作用というものは薬である以上、出ることはありえます。薬によって頭痛や腹痛が起こる、お腹の調子が良くない、性欲が低下するといった状態が生じる場合もあります。こうしたことは人間として本来楽しめるはずのことが楽しめなくなってしまうため、軽視してはいけないと思っています。

しかし、薬を飲むことで今の苦しみが和らぐ可能性があるなら副作用に気をつけつつ、薬を上手に使っていくことはできるのです。

メンタルヘルスの不調を招くリスクは誰にでもあり、人生のどのようなタイミングで症状が現れるかわからないものです。災害、離婚、病気の発症、親しい人との死別などつらいことは突然起こりうるもの。心の病気も誰にでも訪れるものだからこそ、再評価というものがあり、さまざまな治療法があり、医師やセラピストという専門家がいるわけです。

気になる症状が続くとき、またその症状が生活に支障が出た場合は、勇気を出して周囲の人や専門機関に相談してみてもいい、と感じていただけたらと思います。

うつ病などの精神疾患の治療には休養を取り、ストレスを軽減するなどの環境調整も大切になります。加えて抗うつ薬が効果的な場合、カウンセリングや心理療法が効果的な場合など、その人の心の状態や置かれている環境により治療の種類はさまざまです。そしてよくなってきたら、回復のために軽い運動や家事、仕事などをすることも有効です。

精神疾患の薬は脳に作用するものでもあって、心配されるのは当然のことだと思います。ですが、これまで蓄積された医学的な知見からも薬を適切に使用することで治療がスムーズに進むことが少なくありません。そのため、心を楽にするツールの一つとして捉えることが大切だと思います。

第5章 揺れ動く社会と再評価

個々人を尊重すること——「同意」について

脳神経科学の観点から、感情は脳で生まれていること、ネガティブな感情に囚われているときには「再評価」という手法が有効なこと、そしてメンタルヘルスが危機に陥らないようにするためのケアや処方箋についてお伝えしてきました。

最終章では、激動の社会で誰もが感じる不安や恐れの中で、それに振り回されつづけることなく、より自分らしく自由に健康な心で成長していくための方法や考え方を紹介します。

私は、メンタルヘルスを保つ上で最も大切なことは、「自分の尊厳を守ること」だと思っています。尊厳を守るとはどういうことなのでしょうか？　「自分の存在や思いや意見には意味がある」と感じることではないかと私は思うのです。

ここで重要になってくるのが「同意」の考え方です。

同意と聞いて、皆さんは何を思いうかべますか？　医師である私の場合には医療行為のインフォームドコンセントが思い浮かびます。医療行為の前に医療者側は十分な説明をし、患者さんの希望を聞きながら治療などのステップを決めていきます。その際、患者さんは疑問があるなら解消し、内容について十分納得した上でその医療行為に「同意」することがインフォームドコンセントです。

近年、同意と聞くと、セクシャルコンセント（性的同意）が思い浮かぶ方もいらっしゃるでしょう。ヨーロッパでは性教育が義務化されており、オランダでは4歳から、フランスでは6歳から、フィンランドでは7歳から、ドイツでは9歳から、公立学校での性教育が始まり、人間関係の中での「同意」というコンセプトに関しても低年齢から紹介されます。アメリカでは30の州で性教育が義務化されています。

日本では、２０２３年度から「生命（いのち）の安全教育」がスタートしました。これは、子どもたちが、近年増えている性暴力の加害者や被害者、傍観者にならないようにする取り組みの一つ。教材は幼児期から用意され、文科省発行の手引書によると幼児期には「幼児の発達段階に応じて自分と相手の体を大切にできるようになっていく」と記載されています。また、小学校高学年の教材では「自分と他の人を守るためのルールや、自分と他の人との距離感が守られないときの対処法」などを学んでいくようです。

さて、私の息子たちが通ったアメリカ・ボストンのプレスクールでは、２歳児のクラスから「同意」について教えられました。

この年齢での同意は、医療的同意や性的同意よりもさらに基本的なことで、人間関係の中で自分の意思を表明すること、そして相手の意思を尊重することの重要性を学びます。

例えば、紅茶を用いたアクティビティがあります。友達に「一緒にお茶を飲まない？」と誘うというものですが、そこで友達が「ＹＥＳ」といっても「ＮＯ」と言っても、「どちらもリスペクトすること」と教えられたのです。また、「遊ぼうよ」と誘われたときに、遊びたいときもあれば遊びたくないときもあるのが自然だということなどを教えられ、おもちゃで遊んでいるときに友達が「貸して」と言った場合も「貸してもいい」と思うときもあれば、「まだ使いたい」というときもあり、どちらでもいいと教えられていました。

私が「貸してって友達に言われても貸さないでもいいの？」と驚いて先生にこの教えについて尋ねると、友達とおもちゃなどをシェアするためには、何よりも「自分が使っているものを使い終わるまで使ってもいい」「誰かに貸しても自分が必要なときには返してもらえる」と思える安心感が必要で、逆にもし「自分が使っているものが誰かに取られてしまうかもしれない」という不安が先行してしまうと、友達とのシェアが難しくなると説明され、「なるほど！」と思わされました。

そして、子どもたちが学んでいる同意は契約のようなものではなく、二人の間の同意なので、「やっぱり嫌だ」と気持ちが変わってもＯＫとのこと。気持ちの変化も含めて、互いに尊重し合う必要がある。ルールよりも、お互いへのリスペクトや安心感が重視されるのです。

子どもたちには相手の気持ちが自分の考えや希望と違っても、「仕方がない」とムーブオンできる考え方が可能になるように、そんな願いも同意教育に含まれていることに気づきました。

誰かを誘ったときに、「ＮＯ」と言われても、自分が否定されたわけではない。貸してとお願いしたのに「ＮＯ」と言われたら、他の子から借りたり、その場では借りられなくても、待てば自分の番が来る。このように、「ＮＯ」と言われても「傷つくけど、大丈夫だ」と思える経験、

ＮＯを受け入れる練習もセットですることが同意に意味をもたらすのです。

逆にＹＥＳやＮＯと意思表明しても、その答えが受け入れられない環境では、そうした言葉の意味がなくなってしまいます。

「貸してと言われたときにＮＯと思っていても、貸さなければならない」「遊ぼうと誘われて、実はＮＯという答えを持っていても、遊ばなければならない」という経験が増えれば増えるほど、自分の思いや答えは意味を持たないと考え、意思を表明しようという気持ちすら湧かなくなってしまうかもしれません。

また、「ＮＯ」と言われた経験を消化する機会がない場合、一つ一つのＮＯという返答のインパクトが不必要に大きくなってしまうこともあるでしょう。

誰であっても「自分の存在や思いや意見には意味がある」と感じる権利があるのです。社会の中でこのような「尊厳」の権利が大切にされるように、まずは自分や自分の周りから、思いを伝えてみる、思いを受け止めてみる練習を試みることをお勧めします。そのような小さな試み一つ一つが喜びと勇気に変わると信じています。

「自分の心と体は自分のもの」という考え方

「同意」という考え方のベースには「自己決定権（オートノミー）」という考え方も存在します。これは暴力を恐れたり、他人に自分の運命が決められたりすることなく、「自分の人生、自分の体に関することを自分自身で選択していい」と自分の意志に宿る力のことを意味します。「自分の体のことは自分で決める」「する／しないを自分で決めていい」「他人と異なる意見であっても自分の意見を持ってもいい」ということです。

この権利を「身体」という観点で取り上げた世界人口白書２０２１（国連人口基金発表）では、

・性交渉を断ることができる
・避妊するかを自ら決められる
・健康管理を自ら決定できる

という3点が守られているかどうか？　との問いが投げかけられ、その結果、特に女性の体の自己決定権がいかに世界的に侵害されているかが明らかになりました。

女性であっても男性であっても、ちょっとした性的なからかいや、いたずらのつもりで体に触れることが日常的に繰り返されると、どこに良い／悪いの境界があるかがぼやけてしまうこともあります。そして、最悪の場合はそれがレイプや性暴力に発展していくこともあり、その頻度は多くの人の想像を遥かに上回るものなのです。そのような事態に行き着かなくとも、体を同意なく触る痴漢や言葉のセクシャルハラスメントによる精神的影響もまったく無視できるものではありません。

嫌な場合にはっきりと「ＮＯ」と言えたらいいですが、上司と部下、教師と生徒、コーチと選手、先輩と後輩といった上下関係がある場合、あるいは「怖い」という感情があるときに、「嫌だ」と言いにくいこともあります。そこでスウェーデンでは“Yes means yes!”という「積極的な同意がなければ、それはＮＯなんだ！」との考え方を性交同意法に取り入れました。

人と人が気持ちよく付き合うには、バウンダリー（境界線）という概念を持っていることも大切です。

人によってここまではいいけれど、その先は不快に感じるという、肉体的にも精神的にも守りたい境界線が存在します。

そこを他人が越えてきてもいいか／ダメなのかを決めるのは体の持ち主であるその人自身です。自分の境界線も、他人の境界線も目には見えませんから、「越えてもいいですか？」と確認し合うことが大切なのです。

そして、いったん同意をしても「やっぱり違った」「やっぱり嫌になった」ということはありえます。ですから「同意」は途中で取り消して断ってもいいのです。これは身体的な関係に限られたものではありません。

バウンダリーはどのような人間関係にも存在します。大人は、つい子どもたちの言動を制して、自分が正しいと思うことを押しつけてしまいがちですが、親子関係にもバウンダリーは存在します。どんなに子どもを思っての親の提案でも、「結果的に失敗することになったとしても、これは自分で判断したい」「親の意見とは反対だ」と子どもが思うことはあるのです。子どもが小さいうちには危険を冒さないようにと親が止めなくてはならないような状況はもちろんあります。しかし、子どもに選択権を受け渡してもいい場面も実は多いのです。

子どもの人生は子どものもの、子どもの意見も体も子どものもの、と親として子が引いたバウンダリーを越えてはいけない場面もあるのです。大人でも子どもでも、他人にリスペクトされる感覚は、安心感を生み、嬉しいものです。どんなに親しくても、愛しているとしても、心と体のボスはあくまでもその人自身なのです。

自分の意見や体は自分のもの――。私の子どもたちが受けている同意教育は、主体性のある生き方や、自尊心を身につけるためにとても重要な教育だと感じています。

そして、多くの人が「他人の靴を履いてみる」ということを意識するようになれば、子どもも大人も自分とは違う意見を持つ人にも今よりも安心して自分の思いを伝えることができ、のびのびと暮らせる社会になっていくのではないでしょうか。

「同意」の概念は、カッとなったり、相手を攻撃したくなったりしたときのストッパーにもなるものだと思います。

同意とオーナーシップ

前章で、「自分のことは自分で決定して、その結果も自分で受け止める」という概念である「オーナーシップ」について紹介しましたが、オーナーシップと同意の関係性についても説明させてください。

私は日本で育ったことも影響してか、特にアメリカに移住したばかりの頃はなかなか自分の意思を表明できないことがありました。一方、現在私が指導するアメリカの若い学生たちは、ハーバード大学医学部のアソシエート・プロフェッサーで指導医である私に対しても物怖じせずに意見をぶつけてくることはよくあることで、とても頼もしく思うと同時に、育つ環境や社会規範による影響の大きさを実感するのです。

私は以前から日本社会の許容範囲の狭さや同調圧力の強さに懸念を感じていました。他人と違う意見を持つ人や自分の意思で行動する人への無言の攻撃。ジェンダーなどの属性に関して、日常的に耳にする言葉やメディアで目にするイメージ、役割意識、社会規範といったものが私たちに与える影響は予想以上に大きく、その中で違和感を覚えても、「こんなことを言うのは相手に失礼かもしれない」「自分には資格がない」「和やかな空気を壊してしまったらどうしよう」と考えてしまい、なかなか意思を表明できないのは私だけではなかったのではないでしょうか。また、年齢や肩書などが影響力を持ち、力がある人の声が優先される社会では、自分の意見は効力を持たず「何も変わらない」と思う機会が多く、その結果意見を声にすることどころか考えることすらしなくなってしまうこともあるでしょう。

本当は「何かおかしいな」と感じているのに、もしかしたら怒りや悲しみを感じないように「大したことではない」「私が少し我慢すれば済むこと」と自分に言い聞かせて、その場を凌ごうとしているのかもしれません。それは無意識下の自己防衛の心理です。

自分の正直な考えや率直な感情を押し殺しそうになったら、「オーナーシップ」や「同意」について思い出してほしいと思います。

もし違和感を覚えたらそこには必ず理由があるので、私もできるだけ自分の感覚を信じて、YES／NOをはっきりと伝えられるようになりたいと思っています。同時に、一人ひとりの声が尊重され、受け入れられる社会になっていってほしいと願っています。

他者との違いを認識しエンパシーを抱く——人種差別について子と話す

英語の慣用句"to put yourself in other people's shoes"（「他者の靴を履く」）とは、自分ではない誰かの経験や状況を考え、どのような気持ちを抱いているかを想像することです。前章でも説明したとおり、これを「エンパシー」といいます。再評価とは「自分が今持っている視点とは違う考え方もあるかもしれない」という可能性を探索することから始まるので、自分以外のものの見方を考えることは再評価の基盤のためにもなるのです。

私はアメリカで暮らしているということもあり、他者との違いについて考えさせられる機会には事欠きません。こちらでは、アジア人や黒人への誹謗中傷や暴力といったヘイトクライムのニュースが度々報じられ、そのたびに自分の人種という属性について考えさせられています。

特にコロナ禍では、アジア系の人に向けられたヘイトクライムが2年間弱で1万件を超えたそうです。一方で、人種差別に対抗しBlack Lives Matter運動（ＢＬＭ）やStop Asian Hate運動が発足し、実生活につながる変化を起こせたのも、移民大国であり、自分たちの環境に働きかける熱意を持つアドボカシーの国・アメリカならではのことです。

　２０２０年5月のジョージ・フロイド氏殺害事件がきっかけとなり、パンデミックの最中にあって、ＢＬＭは多くの支持者を得て、たくさんの変化を起こしました。アメリカでは無実の黒人が白人などの他人種に比べて圧倒的に高い頻度で警察に殺害されるという事件が起きており、これを止めなければならないと訴える活動がＢＬＭです。


　長男が5歳、次男が3歳だった頃。ＢＬＭの支持者が増える一方で、ソーシャルメディアでは人種差別を支持する人たちの攻撃的で心ない書き込みも見られ、私は吐き気を催すようなとても嫌な気持ちになっていました。

　私と夫が夕食の時間にジョージ・フロイド氏の殺害や事件への反応について話し合っていたときのことです。何やら不穏な空気を察した長男が「どうしてママたちは怒っているの？　どうして悲しそうなの？」と聞いてきたのです。

「なんでもないよ、お風呂に入ろうか」と答えることもできましたが、私はこのような不当な死から私たちが学ぶことができない限り社会は変わらない、そして武器も持たずに危険も冒していない一般人が、「人種」が理由となって警察に殺されてしまうという社会は変えなくてはならないと強く感じたので、就学前の子どもたちと人種差別について話すことにしました。

子どもたちにとって自分事として捉えてもらえるように、私たちに関連のある具体的な会話から始めることを意識し、ジョージ・フロイド氏の殺害の写真を見せました。その上で「あなたたちは東アジア人であることで他者から『劣っている』、または『弱い』と誤った認識をされることがあるかもしれない」という事実を伝えたのです。子どもたちが今後受けるであろう差別について話すのは胸が苦しくなることでしたが、人種差別を扱う中で、私たちアジア系という人種がどのように扱われるかという事実を隠したまま話し合うことはできないと思ったからです。

続けて「でも、東アジア人は『危険』とか『怖い』と認識されることは少ないから、アメリカでは比較的安全に暮らせる。けれど、肌の色の濃い黒人の子どもや、特に男性は、たとえ親切な人であっても、周囲から『この人は危険かもしれない』と恐れられることがある。『この人は危険かもしれない』と警察にまで思われてしまって、黒人であるという理由だけで黒人男性と少年が警察に殺されてしまう事件が昔から何回も起こっているの。この写真に写っているジョージは黒人で、何も危険なことをしていなかったのに、警察に殺されてしまったの。警察という絶対的な力を持つ組織に、抵抗できない状態でジョージが殺されてしまったことがとても悲しくて、私たちは怒っているんだよ」と話しました。

「人種差別が自分の物語でもある」と思ってもらえるように、アメリカでの人種差別の歴史が私たち日本人の家族にどのように当てはまるかを丁寧に話すことも心がけました。

「アメリカが日本と戦争をしていた頃、日系アメリカ人は家や持ち物や仕事を奪われ、強制収容所に連れていかれたんだよ。そこで亡くなった人もいたんだよ。彼らは何も悪いことをしていないアメリカ市民だったのに……。もし、ママが日本人という理由だけで、あなたたちまで遠くの収容所に連れ去られたらどう思う？」

　こう話すと、息子はとてもショックを受けた様子で「僕たちにも起こるの？」と尋ねました。

「私たち有色人種のマイノリティがボストンに住んで普通に学校に通えるのは、過去に人種隔離を終わらせるために懸命にたくさんの人が戦ってくれた公民権運動というもののおかげ。公民権運動のリーダーだったのは黒人だったけれど、そのミッションに他の有色人種も入れてくれたんだよ。だから今は強制収容所に連れていかれるようなことが私たちに起こる可能性はとても低いと思うよ」と伝えました。

　また、「他の人がどんなことを経験して、どんなことを感じているかを想像してみることをエンパシーというの。自分が体験していないことを想像するのは難しいけれど、できる限り想像することはとても大切なことだよ。エンパシーは、私たちが人生で持つ必要がある最も重要なことの一つだよ」とも伝えました。

他人が弱くても強くても自分の強さは変わらない

息子たちとの話の中で、人々の抗議活動についても語り合いました。

多民族国家であるアメリカは社会を変えていこうとするエネルギーに満ちあふれている国だなと感じることが多々あります。近年は、ＢＬＭや#MeToo、そして#STOP ASIAN HATE運動など、人種や移民、ＬＧＢＴＱ＋差別撲滅の実現に向けた重要な社会運動が次々と生まれています。そしてそれらの運動によって起きた変化が実生活の中でも感じられます。

アメリカでは社会運動や抗議活動が社会変革する力としてポジティブに捉えられていて、日常生活の中でも友人同士や家族の会話にこういった話題が入ってきます。その根底には、差別を受けてきた人々が偏見に負けることなく、声を上げ、行動してきたことによって権利を勝ち取ってきた歴史があることは間違いありません。

しかし、時には抗議活動が暴動につながり、犠牲者が出てしまうこともあります。暴力を解決策として使うことは間違っていること、そしてアメリカでの抗議活動の多くは平和的な方法で行われていることも息子たちに伝えています。他方で人々がデモなどで過激な抗議を見たときに、その「抗議の仕方」を批判することに頭が囚われ、彼らがそもそも何に対して抗議しているのかが見失われてしまうのはいいことではありません。

ジョージ・フロイド氏の殺害の後に、日本の友人から「アメリカは今デモで大変なの？」というメッセージが何件か届きました。それを見て、日本のBLMの報道において、もしかしたらBLMがなぜ起きているのかという人種差別について伝えるのではなく、(その運動の中では例外である)過激なデモの方ばかりが目立つような報道になってしまっているのではないかと懸念しました。

息子たちと過激化したデモについて話した際は、「暴力で何かを解決しようと思うことは絶対ダメ」と暴力を否定した上で、「でも、この人たちはどうして物を殴ったり、窓を割ったりしたんだと思う？　あなたたちは何かを殴ったり、窓を割ったりしたくなるほど怒りが沸き起こるのって想像できる？　ママは想像できるよ。もし、あなたたちがアジア人だっていうだけで何もやっていないのに警察に疑われて殺されちゃうかもってずっと心配しなきゃいけなかったら、窓も割りたくなると思う。『人種を理由にそんな心配をしなければならない社会はおかしい』って何十年間も言ってきたのに、未だにアジア人が警察に殺されているっていう状況だったら、誰かを殴りたくもなるかもしれない」と、「他者の靴を履いて」黒人の息子を持つお母さんたちの気持ちを想像した考えを共有しました。

私たちが生きている社会には、人種差別やいじめ、暴力というものが存在します。そうした理不尽な出来事にどう対処していったらいいのか。困難なことに感じるかもしれませんが、目を逸らすことはできないと思うのです。

一連の話し合いの中で、長男が発したある言葉がとても強く印象に残りました。

「いじめっ子がいじめをするのはなぜ？」と聞いてきたので、私は「他の人が自分より弱いと考えることによって、自分自身がパワフルだと感じたいって思っちゃう心理が人にはあるんだよね。誰かを下げることで自分が上がると思い込んだり、誰かの力を奪うことで自分の力が増すように錯覚してしまうんだよ」と答えました。

すると、長男は「誰かが自分より弱くても強くても、自分は強くならないよ？」と不思議そうな顔をして言ったのです。

そのとおりです。息子が純粋な心で核心を突く発言をしてくれたことに私はとても誇らしく、嬉しくなりました。

「他人がどうであろうと自分は変わらない」という視点は、第3章で紹介した「内的評価」や「オーナーシップ」にもつながる考え方です。

自分のメンタルヘルスを守る言葉でもあり、ストレスを感じて誰かを攻撃したくなったときにもぜひ思い出してほしい言葉です。

日常に潜む小さな攻撃——マイクロアグレッション

アメリカではBLMはたくさんの大切な言葉を日常化してくれました。その一つが「マイクロアグレッション（Microaggression）」です。

この言葉は、私の病院の精神科医であり、黒人として初めてのマサチューセッツ総合病院医師として、ハーバード大学教授になったチェスター・ピアス医師が提言したもので、「政治的・文化的に阻害されている集団に対して、何気なく現れる偏見や差別に基づく見下しや侮辱、否定的な態度のこと」と説明されます。例えば、黒人が重要な役職についたときに「黒人なのにすごいね」という言葉を受けたとしましょう。「黒人なのに」という言葉には、「黒人は重要な役職につくはずがない」といった認識がベースになっているため、褒め言葉であっても受け取る側にとっては複雑な思いでしょう。

このような加害者側にはわからないような小さな傷つきを与える攻撃をマイクロアグレッションと呼ぶのです。

以前、ワクチン啓発活動の応援メッセージでこのような言葉を受け取ったことがありました。「最初は勝ち組女性だと思って疑っていましたが、お話を聴くごとに真剣な方だとわかりました」というものでした。

感謝の言葉を伝えてくださってありがたい思いでいっぱいでしたが、ややひっかかるところがありました。それは私が「勝ち組女性」と分類されることで、どうして疑われてしまうのだろう、同じような経歴や肩書の男性だった場合には「勝ち組男性」と呼ばれ、疑われていただろうかと考えると、やはりこの言葉も私が女性であるがために受けたマイクロアグレッションであることに気づきます。

マイクロアグレッションが実に厄介なのは、このように応援の言葉や褒め言葉の裏に隠されている場合も多いことです。ほとんどの場合、発した側には相手を傷つけてしまった自覚はなく、しかし受けた側は確かなダメージを負って傷ついてしまう。また、こういった指摘をすると「気にしすぎ」「スルーすればいいのに」「心が弱い」と非難を浴びることも多く、なかなかそのダメージを他者に認識してもらえない難しさがあります。それによって、「気にしすぎる自分が悪いのかしら……」と自分を否定するような気持ちすら生まれることもあり、わかってもらえない心の傷というのは、わかってもらえないことそれ自体により、さらに深い傷と化していくこともあるのです。

「元気そうなのに詐病じゃないか」――メンタルヘルスへの無意識の偏見

こうしたマイクロアグレッションは無意識の偏見（アンコンシャス・バイアス）から生まれるもので、メンタルヘルスへの理解を遮げる原因にもなっています。

本書の冒頭でも紹介しましたが、２０２１年、大坂なおみ選手は自身のメンタルヘルスを優先するために、全仏オープンの試合後の記者会見を拒否しました。その後彼女は「抑うつ気分を感じることがあって……」と自身のＳＮＳで発信し、大坂選手ほどの世界的スター・一流スポーツ選手が自分のメンタルヘルスについて語ったことは大きな注目を集めました。

しかし、この発言の後、彼女が水着を着こなし笑顔でスポーツ誌の表紙を飾ったことに関して、「水着の撮影ができるくらいならうつであるわけない」「水着の撮影ができるなら会見もできるだろ」と批判が巻き起こったのです（なお、撮影は試合出場時よりかなり前に行われました）。

ここにメンタルヘルスへの大きな誤解があります。抑うつ気分が続いているとき、あるいは精神疾患を発症すると、生活のすべてができなくなるわけではありません。

ＰＴＳＤやうつ病を患っても仕事が続けられる人もいますし、好きな友人といるときは楽しい気持ちで過ごせることもあります。逆に、一時楽しげな表情を見せられることができ、仕事をこなすことができても、心に苦しみを抱えている人は世の中にたくさんいるのです。

だからこそ、苦しい思いをしている中で楽しいと思える機会があったときには、それが水着の撮影でも、信頼している人と会うことでも、趣味に没頭することでも、思いきり楽しんでほしいと思います。

また、私は精神疾患の診断名がつくかつかないかは大きな問題ではないと考えています。その人自身が心の苦しみにより、いかに生きにくくなったか、社会的に役目が果たせなくなったか、それまでのように自分らしく生きられなくなったかが本質的に重要です。仮に診断名がつかなかったとしても苦しいと感じるなら助けを求めてほしいです。

さらに、ファンとして「大坂選手が大会運営者から批判を受けるような決断をするのは見ていられないので会見するように彼女を説得しなければ」と「彼女のことを思って」との批判もありました。思いやりから生じた考えだとは思いますが、こういった考えを持ったファンの方々には、ぜひ「失敗する権利」というものにも目を向けてほしいと思っています。「失敗する権利」とは、うまくいかないかもしれない状況でもチャレンジする権利、そして結果が「失敗」に終わっても、その失敗に向き合う権利です。

自分の選択も他人の選択もその場では正しいかどうかわからないことの方が多いということを忘れてはなりません。ファンから選手へ、親から子へ、親友から親友へ、教師から生徒へとどんなにその人のためを思って真摯に考えたアドバイスであっても、それが当たっていない可能性も十分ありうるのです。そして、もし心配が当たってしまったとしても、当人にも「失敗する権利」があるのです。

悪いことが起きるかもしれない。苦労するかもしれない。でも失敗したら失敗したで、その事態に対応するのもその人の人生なんだと手放すのもファン、親、親友、教師など誰かの幸せを望む者の務めの一つなのです。

翻って、もし自分が個人として幸せになる権利や失敗する権利が奪われる立場に立ってしまった場合を考えてみましょう。一回しかない自分の人生に関して、「私はこうしたい」と考えたその選択をよく咀嚼し、自分自身で選択することの「許可」を自らに対し与えることが大切です。

そして、その挑戦の結果、「この選択は失敗だった」と思うことがあっても、それも自分の人生と捉え、またそこから続く将来の可能性も含めてオーナーシップを持つことが救いのヒントになるかもしれません。

積極的に逃げてもいい――ガスライティングに気づく

「逃げる」という言葉を聞いて、皆さんはどのようなイメージを思い浮かべますか？「逃げるってちょっとネガティブな印象…」と感じる方も多いかと思います。しかし、よく考えてみると、嫌な思いをしている環境から出るという判断は、実はとてつもなく積極的なもので、ポジティブなことでもあると思うのです。だから、ここでは不安や恐怖を感じたときに、「環境を変える」、あるいは「逃げる」という選択をすることを恐れないでほしい、というメッセージを伝えさせて下さい。自分の幸せのために主体的に選んだことなら、それは他人がどう感じようと、他人からどう批判されようと振り回されなくていい、あなた自身の選択なのです。

例えば、世の中には、ＳＮＳで心ない言葉を投げつけたり、執拗に攻撃してくる人が少なからず存在します。私もそういった被害を経験したことがあり、実生活でこんな言葉をかけられたら関わらないようにするだろうと感じる嫌な人はＳＮＳでどんどんブロックしていくことにしています。そう思うようになったきっかけも実は大坂なおみ選手の存在でした。


試合後の記者会見をしない旨を表明した後、アメリカテレビ局の有名ニュースキャスターから「ファッション誌の撮影はできるのに」と言われた際、大坂選手はＳＮＳで「撮影は半年以上前に行われたものです」と反論を述べ、彼女をバッシングした記者をツイッター上でブロックしました。それに対し、記者は大坂選手からブロックされた画面のスクショを投稿し、「こんな批判にも耐えられないなんて強いのはコート上だけなのね」という言葉を投げつけたのでした。

このように「喧嘩相手からブロックされました」とブロックされたことを相手の「弱さ」の証として見せつけるのはＳＮＳ上で頻繁に目にしますが、そもそも本当にブロックは弱さの証なのでしょうか？　そしてブロックされたことを見せつけることが強さを表すことなのでしょうか？

この状況を整理してみましょう。

抑うつ気分を公表し、会見をしない選択をした大坂選手に対して、見当違いなバッシングをした記者が、ＳＮＳ上でブロックされた。ここでの被害者は大坂選手であるにもかかわらず、バッシングといういじめの加害者の記者が、「私のいじめにも耐えられないなんて弱い」と、まるで大坂選手に問題があるかのような揶揄の言葉を発信したわけです。

このように、加害を受けた被害者の方に何か問題があるのではないかと思わせる手法は「ガスライティング」といって、ドメスティックバイオレンスやいじめで使われる心理的虐待の代表的手法です。

加害者は、被害者に対してわざと不利な状況に陥りやすい環境を作り、次第に被害者自身が自分を信じられないように仕向けていくこともあります。あるいは、「あなたがおかしい」「常識がない」などと否定しつづけることで、次第に被害者が自分の考えに対する自信をなくすように仕向けたり、いじめに耐えられない姿を見せると、「気にしすぎ」「メンタル弱い」「休んだ方がいい」とさも被害者の方に問題があるかのように見せたりするのもガスライティングの一つです。

また他のガスライティングの例として、日本のお笑い文化の「いじり」をあげさせてください。私はどんなに長くアメリカに住んでも、お腹の底から笑えるのは日本のお笑いネタや冗談で、コメディセンスというのは生まれ育った文化で作られるものだと実感しています。大好きな日本のコメディの中で気になってしまうのが「いじり」なのです。

愛ある「いじり」が場を盛り上げて面白い場面もありますが、時には愛もなく、いじられている人には何の利益もない、イジメのような「いじり」も目にします。そんな「いじり」に対して後輩が嫌な顔をしようものなら、「先輩にいじられてありがたいと思えない後輩が悪い」「笑いに変えられないのは芸人失格」と言われてしまう雰囲気が見られ、これはまさにガスライティングです。お笑い界を超えて、部活や職場でもこのような現象はよく起こるものです。

何を言っても同じ人からの理不尽な攻撃がやまないとき、何かおかしいと感じたときには、嫌なことを言う人から速やかに離れて、逃げること。この人から逃れた方がいい、環境を変えた方がいいと判断し、自分でバウンダリーを引くことができたら、それがSNSのブロックであっても、ポジティブに受け止めていいことです。SNSというのはコメント一つ一つに即座に反応しなければならないプレッシャーがあるものですが、実際はコメントやレスポンスに反応する必要も見る義務さえもないのです。

嫌な人は嫌と思っていい。怒りや恐怖を感じたときに、その原因である人や環境から離れることは主体的に生きているということの表れでもあるのです。

またガスライティングの現場を目にすることがあったら、どうか加害に加担しないように、被害者をサポートできるような行動を取ってほしい。そうする人が増えることで、被害者だけでなく多くの人の心が楽になるのではないかと思います。

名前がつくことで対応しやすくなる

以前、私の前著に対して面白い感想を述べてくださった方がいました。それは「言語化」が「格闘技に似ている」というものでした。

格闘技で技をかけられるときに、〇〇とか△△といった名前がついている技だと、「今この技をかけられている」と気づけることで、競技中に受け身を取ったり技を避けたりと、反応できる確率が上がるのだそうです。逆に、かけられている技に名前がついていないと、なかなか反応できないそうです。

人間関係や社会現象などもこれと同じで、「これはマイクロアグレッションだ」「ガスライティングだ」と名前がつくことで、気づくことができ、問題点の理解も増します。また、スルーする、あるいは問題点を指摘するといった対応を選べるようになります。

さらにスルーする選択をした場合にも、モヤモヤと違和感を抱えながらのスルーではなく、自分なりに理解し納得した上でスルーすることはそんなに嫌な気持ちが長引かないものです。

このような言語化の力は想像以上の効力なので、私は言語化のツールは多ければ多いほどいいと思っています。

“Whataboutism”に臆さない／“Strawman”を見抜く

ここで言語化のツールとして役に立つ言葉をもう二つ紹介させてください。

ねじれた論法として日常的に使われる“Strawman”と“Whataboutism”です。

藁人形・かかし（Strawman）は人の形に似せた藁でできたダミーのことですが、これにちなんでStrawman論法という「ねじれ論法」の代表格の論法があります。これは相手の意見の中の命題（「真の命題」）を、それとはまったく異なる「偽の命題」（藁人形・かかし）に勝手に置き換えて、この「偽の命題」の欠点をあげつらうことで、本当に相手が言いたかった「真の命題」に反論できたかのように見せかけることを意味します。これは正々堂々と議論を交わしているわけではないのですが、第三者から見ればその反論は一見妥当に思われるために「説得力がある」「論破力がある」として評価されてしまうということにつながります。

また、Strawman論法の一つとして、Whataboutism（和訳すれば「そういうあなたはどうなのよ」）論法もネットコミュニケーションで広く使われる「ねじれ論法」です。Whataboutismとは、自分が批判されたと感じたときに、“What about you?”（「そういうあなたはどうなのよ」）と相手に切り返すことで、自分にとって都合の悪い議論や触れたくない議論を棚上げするようなことがよく行われています。

例えば、「アメリカの性犯罪は日本よりも多いから、アメリカから発信する日本に向けた『同意』の提言など意味はない」と私のSNSにメッセージが来ることは日常茶飯事です。「そういうアメリカはどうなのよ?」という批判ですね。

この批判についてよく考えてみましょう。第一に、実はアメリカと日本では性犯罪が成立する条件がまったく異なるので、報告された性犯罪の数を同列に比較できるものではありません。具体的にいうと日本の性交同意年齢は本書が出版される2023年までは13歳でしたが、アメリカでは16~18歳（州によって違う）です。つまり14歳の子どもと大人との性交があった場合、アメリカでは大人の性犯罪になるものの、日本では暴行や強要などがなかった場合は性犯罪とは見なされない法律でした。また、性被害の報告しやすさや成立条件というのも異なるので、日米の性犯罪報告数を並べることで、どちらの方が「多い」と単純に言えるものではないのです。

では、もし性犯罪の数がアメリカの方が多かったとしたら、日本の「体の自己決定権」や「同意」については考える必要はないのでしょうか? 「そういうアメリカはどうなのよ?」と言ったところで、日本の問題はなくなりません。アメリカの性犯罪は日本よりも多くても少なくても、日本で性犯罪が存在する限り、議論と法の改善、市民の意識のアップデートは必要なのです。

同じように新型コロナワクチン啓発活動に関しても「コロナ感染拡大がひどいアメリカからの啓発など意味がない」という批判を受けることもありました。確かにアメリカのコロナ感染拡大はひどいもので、重症化した患者さんや亡くなってしまった方の数は世界の中でも最悪なものでした。しかし、私が解説する新型コロナウイルスや新型コロナワクチンに関する科学論文の内容は、私がアメリカにいようが、日本にいようが、世界のどこにいようが変わらないのです。

このようなWhataboutism論法は日常会話の中でも溢れています。

「そういうあなたはどうなのよ？」とまるで自分の弱みを突かれたかのような気がしたときには、まず立ち止まり、一呼吸置くことです。

そして、自分の主張や、「問題の本質」に立ち返ることが大切です。

続けて別のStrawman論法の例も紹介します。

例えば、私が妊娠中に新型コロナワクチンを接種した際、「まだ妊婦の臨床試験はなかった時期だが、基礎研究の情報を見る限り新型コロナワクチンが妊娠に悪影響を与えることは考えにくいことは明らかだった。感染してしまった際の重症化リスクや死亡リスクが高い妊婦に対してはワクチンを接種しないリスクの方がずっと高いと判断した」と話した際、「臨床試験を意味ないと言い切る無責任な医師」と揶揄を受けることもありました。

このような意見に対して、「いや、そんなことは一言も言っていない」と返答したくなるのは、文字どおりそんなことは言っていないからであり、自分が言ったこととはまったく異なる主張を“Strawman”、つまりダミーとして持ち出されているからなのです。


この状況を整理してみましょう。


実際には、ワクチンなどの医療的な介入を多くの人に推奨するには臨床試験による効果と安全性の評価が必要なので、後に続く妊婦さんが安心してワクチンを接種できるようにと、私もワクチン接種後の臨床経過観察研究に参加しました。

私のようにワクチンを接種した妊婦のデータを審査した結果、ワクチン接種後の女性の流産率や合併症が生じるリスクがワクチンを接種していない一般女性の確率とまったく変わらないことが確認され、妊娠中のワクチン接種は世界中で推奨されるようになりました。

もちろん私が接種を判断するときもそのような臨床データがあればさらに安心して接種でき

たと思います。しかし、母親が子どもを守るための大切な判断をしなければならないとき、あるいは誰であっても人生の中で大きな決断をしなければならないときに、ほしいと思う情報がすべてあることの方が少ないのが現状なのです。

それでもその場その場で最良の判断をしていかなければならない。私の場合は感染爆発中のアメリカで、妊婦として新型コロナウイルス感染症にかかって重症化してしまった場合にお腹の中の子どもを苦しめてしまうというリスクを絶対に避けたい状況でした。その場・時点でアクセスできる科学情報を吟味するしかなかったのです。

この思考過程の中で「臨床試験に意味がない」と考えたり、発言したことは一度もありません。にもかかわらず、そういった揶揄をすることで、私が発信する科学情報の解説は信じてはいけないという印象を与えること。これが“Strawman”術の「論理のねじれ」論法なのです。

こういった攻撃も名前がつくことで、「論理のねじれ」であることを認識できる。

そして、嫌な思いはするものの、名前がつくことで対処でき、「あまり気にしなくてもいい」と気持ちを切り替えて前進できることも多い。言語化の力とはこのことです。

「論破」は「問題解決」ではない

どうしてこのようなガスライティングのような心理操作や、Whataboutism論法やStrawman論法などの「論理のねじれ」がこれほどまで頻繁に起こるのでしょうか？

それは誰かに「勝つ」ことが目的化してしまうことに起因するところがあると思います。

何かの勝負において「勝ちたい」と思うことは自然な考えかもしれません。しかし、世の中のイシューのほとんどは勝ち負けのような白黒で分けられる単純なものではないのです。

年代も性のあり方も、職業や体力もさまざまな状態にある人が暮らし、多様な価値観が存在する中で誰かと対立したり、嫌な思いをしたりした場合には、対話によって自分が望む変化を求めて相手に働きかけ、相手が「NO」と言ったならばそれを受け入れたり譲歩したり、受け入れられない状況に関してはさらに交渉しながら進めていくものなのです。

変化のためには世代を超えた長い時間が必要なことも多いですが、その場ではわかり合えなくても、そうした会話が将来の変化の種になることもある。

「一時の喧嘩に勝つこと」＝「問題の解決」ではありません。逆にここで問題の実質的な解決ではなく、「勝ち負け」を優先してしまうと、本来は「少しでも思いが伝わればいい」はずのところ、前章で紹介したAll or Nothing（全か無か）という「認知の歪み」が発動してしまうことも。

日本で近年「論破」という言葉が流行っていると聞きますが、その背景には、前述したYES／NOをはっきりと言うことが許されない環境があるのかもしれません。他者と異なる意見を言ったとしても受け入れられないことが多く、そんな中で相手の言うことを聞く余裕を持てない、あるいは意見を言っても仕方がないと諦めしか見えないような状況があるからなのではないかと思います。そんな環境の中で意見するのは、我慢が尽きた状況、つまりは闘うか逃げるか（「闘争か逃走か」）のときになってしまってからなのかもしれません。すると自ずと、論破の戦いに「勝つ」ことが目的となってしまうこともあるでしょう。しかし、「論破すること」あるいは「その場の言い争いに勝つこと」が目的になった途端に、不毛な揚げ足取りや、議論の焦点をずらした個人攻撃などの「論理のねじれ」が発現します。このような現象は家庭や職場でも度々見られますし、ネットコミュニケーションでは毎日のように起こっていることです。

論破したくなったときには、立ち止まって再評価しましょう。勝ち負けの価値を高く見積もりすぎずに、長期的な視点を持ってイシューに取り組むことが自分や他人の心を守ることになるのではないかと思います。

自分の人生の舵を取る

本書もおしまいに近づいてきました。ここで、私が心からの感銘を受けたヒラリー・クリントン氏の言葉を紹介したいと思います。

彼女は2016年のアメリカの大統領選で、女性として初めて主要政党の大統領候補となりました。結果は総合得票数に関しては圧勝したにもかかわらず、多数決ではなく選挙人制度で決まるアメリカの大統領選で敗北を喫し、トランプ政権が樹立しました。この敗戦の落胆からどのような再評価を経て、人生に意味を感じつづけられたのか。その答えのヒントになる言葉が、ヒラリー氏が母校の名門女子大学のウェルズリー・カレッジで学生たちに贈った卒業スピーチにありました。

“Do the right thing anyway.”（どんな状況でも正しいことをしなさい）

どんなに自分が悔しい思いをしても、諦めたくなるような場面でも、アンフェアに扱われていたとしても、不利な状況にあっても、誰かの期待を裏切ることになっても、自分を信じて、自分が正しいと思うことをやりなさい、と語りました。

英語には「インナーコンパス（Inner Compass）」という言葉があり、人生の岐路では無限の選択を迫られますが、そのときに自分の心の中で「進むべき方向はこっちだ」とコンパスのごとく導いてくれる感覚のことをいいます。

ヒラリー氏が語った「自分の大切にしている価値観や方向性ということに嘘をつかずに、どんな状況であっても正しいと思うことをやる」というメッセージに込められた思いというのは、まさに自分で自分の人生の舵を取るインナーコンパスを持ちなさいということでした。

どんなにそれが世の中の流れと逆行するとしても、自分の芯が正しいと示す方向に向かうことをやめないこと。そして何かが違うと思うことに関しては、その違和感を押しやらずに向き合うこと。それらを行動に変えていくこと。それが、自分の人生を歩むということなんだろうと私は思うのです。

自分の人生を振り返ってみても、インナーコンパスというものが、自分の道を切り開くのに非常に重要だったと思います。

日本の女性観と渡米の決意

「どうして日本ではなく、アメリカで医師になることを選択したのか？」と多くの方から尋ねられることがあります。

その答えは私にとっては明確で、日本社会の女性の地位に落胆したからでした。

私はアメリカやスイスで幼少期に過ごした時間もありますが、日本生まれで、ほとんど日本育ちです。ですので、最初は私も日本で医師になることを漠然と想像していました。でも、いざ医学部に入ってみると、日本の医療現場は想像以上に女性を排除した男性社会でした。数年前に複数の医大の入学試験で女性受験者が不利になるといった不正が報道されましたが、実際に私が日本の医学部に在学していたときの学年は１００人中、女性医学生は15人のみでした。医学部の同級生から、「女性は医師になるべきではない」「医師としてのキャリアが大切であれば女性医師は家庭を持つことを諦めた方がいい」といったことを言われるのは日常茶飯事でしたし、教室や医学部の部活の部室には女性のグラビア写真が表紙になった雑誌が隠さずに置かれ、懇親会がキャバクラなどで行われることもありました。そして、このような現状を「本当は嫌なのにそれを仕方がないこととして受け入れるべき」という雰囲気を感じ、モヤモヤとした違和感が日常化している現場でもありました。もちろん、尊敬できる男性医師もいますし、働きやすい医療現場もあるでしょう。でも、当時、「女性として日本社会で私は幸せになれないのではないか」と漠然とした不安を感じていました。

そんな大学時代に、『ドラえもん』のアニメが目に入ったのです。

皆さんの方が詳しいと思いますが、登場人物の中にしずかちゃんという女の子がいますよね。彼女は美人で、気品もあって、勉強もできて、誰にも優しい、魅力的な女の子です。でも、しずかちゃんがのび太やジャイアンといった仲間の中でリーダーシップを執る場面を私は見たことがなかったのです。男の子たちの後ろで、「がんばって！」と応援し、時には小学生であるにもかかわらずお風呂を覗かれるシーンも描かれていました。

メディアに映る表象というのは、社会の中で共有されている感覚が基になり、さらにそういった表象を目にすることで社会の感覚が増強されるという相互作用があります。私はしずかちゃんを筆頭としたメディアに映し出される女性像を見て、「日本で求められている女性像はこういうものなんだ」と妙に腑に落ちたというか、切なくなりました。もちろんそういう女性がいることも、そのような女性になる選択肢があることも悪いことだとは思いません。しかし、女性の理想像として掲げられる姿に他の像が見えない中で、女性に提示される選択肢の少なさと選択の範囲の狭さに私はがっかりしたのでした。

私が目指す人間像は、男性から一歩下がって応援するしずかちゃんではなくて、彼女のような能力を持っているのならば、ドラえもんを自ら開発する人になりたい、と思ったのです。

結婚をしたときに姓を変えるのは約95％が女性、女性が家事育児に携わる時間は男性に比べて5・5倍、人生に何度もない出産があるからという理由で医学部入試の段階で不利になる仕組みがあったりと、日本社会の中で女性の選択肢が奪われる機会はたくさんあります。女性のリーダーの数は先進国の中では圧倒的に少なく、子どもや夫、あるいは親の世話をすることを美徳とされている割には、男性であれば「イクメン」と賞賛されることでも、どれだけ家事、育児、介護をしても感謝される機会が少ないのも女性です。このような現状は日本女性のメンタルヘルスを静かに苦しめる要因にもなっています。

医学生だった私は、自分が望む生き方は日本では実現が難しいのかもしれないと思い、アメリカで医師をする決心を固めました。といっても、日本の大学に所属しながらアメリカの医師国家試験を受けることは容易なことではありませんでした。日本の医学生としてアメリカの研修プログラムに採用されたことなど含めて、寝る間もない、孤独で、つらい思い出もたくさんありました。

しかし、そんな大変な時期でも、日本を出ようと決断したことで精神的にはとても楽になりました。日本の女性の地位に絶望したものの、その事実を言語化し、受け入れたことによって、怒りや不満、また内在化してしまっていた「社会から求められる女性像という型」から解き放たれて、目標とやるべきことが見つかって行動を開始できたからです。これは、私にとってのラジカルアクセプタンスであり、また私のオーナーシップが目覚めた瞬間だったのかもしれません。私のインナーコンパスは明らかな方向性を示してくれました。

その後、私は晴れて日本人史上最年少のアメリカ臨床医となり、イェール大学、ハーバード大学での研修医生活を終え、現在はハーバード大学医学部のアソシエート・プロフェッサー、マサチューセッツ総合病院の指導医・センター長として働いています。そして夫と共に3人の息子を育てています。

ところで、アメリカはパラダイスなのでしょうか？　まったくそんなことはなく、栄養教育や衛生習慣の欠如、銃暴力、人種差別、人工妊娠中絶に関する分断など、アメリカはアメリカなりの問題が山積みです。しかし、そんな変な国でもアメリカで働いていると、日本で抱いていた女性医師・医学生としての疎外感や居場所のなさといったものを味わうことはとても少ないです。

私がリーダーシップを発揮する場面では、部下や学生が、ジェンダーや人種、性的指向性、子どもがいるかどうかに関係なく、自己実現できるように指導しており、常に機会と責任を与えるように心がけています。そして、日本の皆さんには私のような女性像があってもいいと感じていただければと願っています。

小さな「勇気」を積み重ねていく

私の息子たちが学校の放課後に通うアフタースクールプログラム（学童保育のようなもの）から「勇気」について語ったプリントが配られたことがありました。「勇気」と聞くと、恐れずに敵に向かっていくヒーローのイメージを思い浮かべる方も多いでしょう。でも、息子たちが教わっていたことは、「勇気とは、大きなものに立ち向かう勇気もあるけれど、それだけではない。

もっと小さい形の勇気もある」という内容でした。

「怖いことを怖いと思わないようにすることが勇気なのではなくて、怖いと思うことに対しても自分の心を開いて、新しいことにチャレンジする機会を持つこと。それが勇気なんだ」。そして、「この週末、住んでいる地域で行ったことのない場所に行ってみてごらん。食べたことがないものを食べてごらん」と続き、ほとんどの生徒は食べたことがないであろうチュニジアのクッキーのレシピも載っていました。私はそれを読んで、なんだかワクワクするような、まさに「勇気」を出してみようと思わされる素敵な言葉だと感じました。

ちょっとだけ活動範囲を広げてみる、新しい人と出会ってみる、今まで避けていた情報を取り入れてみる、といったことも実は小さな勇気です。

不安や恐れを消そうとしなくていい。むしろ「自分は怖いと感じているんだな」と受け止めて、その上で何かチャレンジできないかと考えてみようということ。こういった小さく見える一歩でも実は人生において非常に大きな役割を果たしているのです。

再評価も同じです。怒りを喜びに変えるとか、悲しみを安らぎに変えるなどの大きな変化を望まなくてもいい。いきなり山の頂上を目指そうとすると難易度が高すぎて圧倒され、途中で挫折してしまう可能性がありますが、日常生活の中で小さな一歩を大切にして、小さな成功を積み重ねていくうちに、気づいたら感情のコントロールが上手になっていることもあります。

本書で紹介した「再評価」とは結局何なのか？

それは、自分に正直になることです。不安や恐怖を感じることはあっても、自分の感覚に正直になる「勇気」を持ち、自分自身の「弱さ」も受け入れた上で、自分の持つさまざまな「強さ」に気づくこと。

そして、自分で自分の人生の舵を取り、自分らしい選択をしていくことだと思うのです。

そんな成功と失敗を繰り返しながら、自分の心のコンパスの方向性が定まっていく過程で、自分が本当に望む幸せに近づくヒントを得ていくことができるのではないでしょうか。

皆さんも、勇気を出して、自分の心を守る第一歩を踏み出してみてください。

あとがき

本書を執筆しながら、久しぶりに研修医時代のことを思い出していると、気づいたらその頃大好きだったブロードウェイミュージカルの歌詞を口ずさんでいました。

『オズの魔法使い』の裏話のミュージカル『ウィキッド』の第一幕の最後のシーン。緑の肌と聡明な頭脳、強力な魔法の力を持つ主人公のエルファバは、世の中から誤解されたり、いじめを受けたりすることもあったけれど、自分の価値をオズの魔法使いに認められることで何かが変わるのではないかと夢を見ていました。しかし、オズの魔法使いと出会ってみると、オズの魔法使いは実は魔法が使えず、それどころか権力を悪用して「オズに住む動物から力を奪う」という陰謀を企んでいることに気づきます。陰謀をばらされることを恐れた権力者たちに「あいつは悪い魔女だ」という偽の情報を世間に広められたにもかかわらず、エルファバは権力に屈せずに正しいことをしようと、動物たちを守る決意をし、ほうきに魔法をかけて飛ぶことを覚えます。

そこで彼女が歌うのが、「Defying Gravity」（重力に逆らう）という曲です。

曲中、エルファバは「自分の中で何かが変わった」と悟ります。もう以前の自分みたいに「他人が作ったルール」に縛《しば》られることや、自分自身を疑ったり、行動をためらったりすることをやめる、と誓ったのです。

他人が押しつけてくる限界を自らにあてはめることもやめるのだ、と。行動しても変えられないことも中にはあるけれど、やってみなければわからない。行動せずに失うものが大切なものであればあるほど、その代償は大きすぎる。この思い立った彼女は、曲の終わりに重力（他人が作ったゲームのルール）に逆らってみせる、もう誰も自分を引きずり落とすことはできないと力強く歌います。文字どおり重力に逆らい、ほうきに乗って飛ぶ魔法を覚えるのです。

今振り返ってみると、この歌詞にはリアプレイザル、つまり再評価が詰まっていました。社会や他人から向けられる目、生い立ちや過去の経験から形成された自分の考えを締めつける型、それを打ち破って自由になること。

不等な扱いや差別を乗り越えて、自分の総合的な幸せを求めて行動すること。

そのプロセスにはたくさんの悲しみや不安、怒りがあるが、一つ一つの感情を受け入れ、その中で自分にとって大切なことは何なのかと見つめ直し、自分で選択した道を歩むこと。

そんなレジリエンスを謳うこの歌は、当時の私を支えてくれた応援歌でした。

苦しい時期に私がこの曲からもらった希望を、今度は私から皆さんに少しでも贈ることができたらと願っています。

大量の情報が行き交う現代は、他人との距離が遠いようで近いような、何とも心が揺れがちな時代のように思えます。日常の中でモヤモヤとしたものや違和感、あるいは不安や悲しみや怒りという心の苦しみを抱いたら、まずは自分の感情とじっくり向き合ってみましょう。感情の背景に何があるのかを一度立ち止まって考え、物事の本質に戻って見直してみてください。

そうすることで、止まっていた時計が動き出すかもしれませんし、苦しい感情に覆われたトンネルの先の光が見えるかもしれません。

他の誰のものでもない自分自身の人生を歩もうとするあなたへ、心からのエールを送りたいと思います。

内《うち》田《だ》 舞《まい》

小児精神科医、ハーバード大学医学部准教授、マサチューセッツ総合病院小児うつ病センター長。アメリカ・ボストン在住・三児の母。神奈川県横浜市出身。幼少期を日本、アメリカ、スイスで過ごす。2007 年、北海道大学医学部医学科卒。在学中にアメリカ医師国家試験に合格し、研修医として採用される。日本の医学部卒業者としては史上最年少の米国臨床医に。2011 年、イェール大学精神科研修修了。2013 年、ハーバード大学マサチューセッツ総合病院小児精神科研修修了。うつ病、躁うつ病、ADHD など子どもの精神疾患の診療に携わりながら、研修医、医学生、小児科医、小児精神科医への指導を担う。著書に『天才たちの未来予測図』（高橋弘樹・編著、成田悠輔、斎藤幸平、小島武仁との共著、マガジンハウス新書）、『ソーシャルジャスティス 小児精神科医、社会を診る』（文春新書）がある。

REAPPRAISAL

リアプレイザル

最《さい》先《せん》端《たん》脳《のう》科《か》学《がく》が導《みちび》く
不《ふ》安《あん》や恐《きょう》怖《ふ》を和《やわ》らげる方《ほう》法《ほう》

2023年10月11日　初版第1刷発行

著者	内田舞《うちだまい》
発行者	岩野裕一
発行所	株式会社実業之日本社
	〒107-0062　東京都港区南青山 6-6-22 emergence 2
	編集部　TEL.03-6809-0473
	販売部　TEL.03-6809-0495
	https://www.j-n.co.jp/
印刷・製本	大日本印刷株式会社
装丁	小口翔平＋畑中茜＋須貝美咲（tobufune）
本文DTP	株式会社千秋社
編集協力	及川夕子
編集	早川昂宏

　ISBN978-4-408-65047-0（第二書籍）